나는 나를 입는다

나는 나를 입는다

오한나 지음

퍼스널 스타일리스트가 전하는
자존감을 높이는 스타일링 비법

따스한 이야기

여는 글

아침이 행복해져요 우리

모든 전쟁은 아침에 일어나곤 한다. 출근을 위한 시간은 단 한 시간, 이 촉박한 시간 안에 나다운 패션을 입는다는 것은 사치이다. 옷장 문을 열고 보이는 몇 개의 옷, 그 옷들 중 눈에 가는 옷을 고른다. 그리고 액세서리를 착용하는 것은 덤이다. 안 해도 그만하면 잘 어울리면 땡큐, 용모가 단정한지 외모 점검을 하긴 하지만 거울 보는 시간은 단 몇 초. 이렇게 집 밖을 나가면 늘 후회를 한다. 막상 중요한 일을 맞이한 순간 '조금만 더 신경 써서 입을 걸'이라는 후회가 밀려온다. 내 옆에 그녀의 스타일이 너무 빛나 보였기 때문이다. 이것이 우리들의 삶이다.

대부분의 사람은 아침이 즐겁지 않다. 매일 옷을 고르는 일은 스트레스의 한 축일 뿐이다. 이상하게 패션에 있어서는 굴러가지 않는 머리와 어울리지 않는 코디네이션 실력이 반복되며 패션 문외한으로 만든다. 연예인이나 스타일이 좋은 사람들을 부러워하지만, 그것은 질투일 뿐, 나에게 어떤 문제가 있는지는 깨닫지 못한다.

나는 스타일을 코칭 해주는 일을 하고 있기 때문에 스타일에 어쩔 수 없이 신경 쓸 수밖에 없다. 하지만 나에게 옷의 의미가 단지 직업적인 커리어를 표현하기 위한 수단 이상의 가치가 있다.

Fashion is my pleasure.

옷은 나의 기쁨이고 나 그 자체이다. 나는 아침이 참 좋다. 커튼 사이로 비취는 따사로운 햇살을 맞으며 시작되는 아침이 되면, 삐거덕거리는 옷장의 문을 열고 소중한 옷들과 대화를 한다. '오늘은 무슨 옷을 고를까? 오늘은 나를 어떻게 꾸며볼까?'라고 생각하며 손가락으로 형형색색의 옷을 스칠 때 나의 기분이란.

30년 동안 옷으로 인해 행복하고 패션으로 인해 위로를 얻었다. 나에게 아침이란 새로운 옷을 입을 수 있는 창조의 날(new day)이었고, 스타일링으로 인하여 또 다른 나의 새로운 모습을 발견할 수 있는 선물 같은 시간들이었다.

각자의 매력과 고유의 가치를 가지고 태어난 존재인 인간은 패션을 통해 자신을 표현할 수 있는 엄청난 상을 부여받았다. 옷이 없다면 사람은 두려움과 부끄러움으로 가득할 것이다. 옷을 통해 우리를 꾸밀 수 있는 일은 창조주의 따뜻한 배려이다. 각각 색이 다른 나무들, 다르게 생긴 꽃들이 모였을 때 아름다운 자연으로 보인다. 이처럼 사람 또한 획일화된 패션이 아닌 자신만의 매력을 표현할 수 있는 옷을 입었을 때 세상 또한 다채롭고 아름답게 보일 것이다.

개성이 없고 자신만의 가치가 담기지 않는 패션은 마치 모든 자연이 흑백이 된 것과 마찬가지로 세상을 메마르게 할 것이다. 우리는 이 세상을 밝히기 위해서라도 패션을 배우고 자신만의 색이 담긴 옷을 입을 의무가 있다. 내가 입은 옷은 옆의 사람까지도 밝힐 수 있다. 그렇게 서로가 서로를 밝히면 세상이 아름답게 빛을 발할 것이다.

나만의 패션 철학을 가져야 하는 이유는 이러했다. 옷의 진정한 가치를 찾지 못해 어쩌면 많이 아팠던 사람들을 만나며 옷으로 위로를 얻을 수 있는 방법을 알려주고 싶었다. 하루하루 옷과 가까워지면서 가장 많이 들었던 생각은 패션은 웬만한 심리치료 이상의 힘이 있다는 것이었다. 이 책은 나의 이야기와 옷으로 인해 힘들었던 사람들의 대내외적인 변화를 옆에서 바라보며 내가 나름대로 정리한 패션의 새로운 가치와 원칙들이 담겨 있다. 이 책을 통해 어떠한 사람에겐 너무나도 쉬운 것이 패션일 수 있지만 그렇지 않은 사람들에게 엄마의 포옹처럼 따뜻한 위로가 되기를 바란다.

2019년 5월 따스한 봄날에

오한나

목차

프롤로그

"너무 예쁘다!"

그날 날 둘러싼 친구들은 너무 예쁘다며 입이 마르도록 칭찬했다. 그 칭찬이 오늘의 나를 만들었다.

열여섯. 5월의 봄바람이 달콤한 어느 날, 전교생이 소풍을 갔다. 답답한 교실을 벗어난다는 것만으로도 숨통이 트일 것 같았지만 무엇보다 좋았던 것은 1년 중 유일하게 사복 패션이 허용되는 날이라는 것이다.

소풍에 들뜬 친구들은 며칠 전부터 삼삼오오 짝을 지어 번화가의 구제 옷가게 여기저기를 휘젓고 다녔다. 그 시각 난 친구와 단둘이 동대문의 청평화 시장을 찾았다. 그때나 지금이나 난 동대문을 좋아한다. 그곳엔 매일 같이 신상 옷들이 쏟아지고 상인들의 눈빛은 생동감이 넘친다. 난 그곳에 있으면 살아있음을 느낀다.

열여섯의 소녀들은 그날 거대한 청평화 시장 속으로 빨려 들어갔다. 수만 벌의 옷이 눈 속으로 쏟아졌다. 좌우로 길게 늘어선 옷가게마다 지금 막 공장에서 만들어져 나온 신상품이 걸려있었다. 난 숨통이 트이는 것을 느꼈다. 우리는 그날 1층부터 5층까지 수백 군데의 가게를 돌아다니며 옷들을 눈에 담았다.

소풍 당일, 청평화 시장에서 구매한 옷과 액세서리로 꾸민 뒤 집결장소로 향했다. 약속장소인 공원 분수대 앞은 저마다 개성을 살린 옷을 입은 아이들이 빼곡히 모여들었다.

'후유' 난 속으로 심호흡을 한 뒤 그 속으로 당당하게 걸어 들어갔다. 안으로 들어갈수록 시선이 나에게 집중되는 것을 느꼈다. 친구들은 나를 둘러싸고 연신 예쁘다며 칭찬을 했다.

열여섯의 기억은 훗날 스물한 살의 그녀를 쇼핑몰 대표로 만들었다. 4년간의 쇼핑몰 운영기간 동안 10,000번 이상의 스타일링을 경험했다. 그렇게 수년이 흐르고 그녀는 '리한나 이미지'라는 패션컨설팅 회사의 대표가 되었다.

창업의 이유는 단 한 가지였다. 옷으로 사람들의 자존감을 높여주고 싶었다. 스타일이 바뀐 사람들은 매사에 자신감이 넘쳐흘렀다. 누군가는 가게 매출이 오르기도 했고 또 누군가는 끊겼던 계약이 성사되기도 했다. 하나 같이 그들은 스타일의 변화가 삶의 변화로 이어졌노라고 말했다.

나는 옷을 바꿔주지만, 그들은 자존감을 입었다. 난 앞으로 더욱 많은 사람의 자존감의 옷을 스타일링 해줄 것이다. 되지 않는다는 생각은 버리길 바란다. 되지 않는다는 생각이 되지 않게 만든다. 난 그것을 되게 만들 것이다.

Part 1

옷은 곧 자존감이다

나는 나를 입었다

"프로필 사진이 너무 예뻐요."

업무를 하던 중 받은 메시지였다. 오랜 고객이었던 그녀가 보내온 메시지는 나의 카카오톡 프로필 사진이 예쁘다는 이야기였다. 예쁘다는 칭찬이야 언제든 좋지만 문득 궁금해서 그녀에게 다시 메시지를 보냈다.

"어떤 부분이 예쁜가요?"

잠시 뒤 그녀에게 답이 왔다.

"뭐랄까요. 자연스럽고 대표님다운 느낌?^^"

나의 직업은 '퍼스널 스타일리스트'다. 즉, 개인의 스타일을 관리해주는 일이다. 한 사람 고유의 스타일을 찾아주고 그에 맞는 콘셉트를 만들어 주는 일을 하고 있다.

그래서 '보이는' 모습에 신경이 많이 쓰였던 것은 사실이다. 생각해보라. 한 사람의 콘셉트를 말하는 사람이 옷을 못 입어서야 되겠는가. 그래서 항상 신경을 썼던 부분 중 하나가 카카오톡 프로필 사진이었다. 하지만 오늘 그녀가 보내온 메시지는 다소 의외였다. 왜냐하면 그녀가 칭찬한 사진은 내가 회사 대표처럼 차려 입은 사진이 아니라 일을 하지 않을 때의 나의 모습이 담긴 사진이었기 때문이다.

돌이켜 보니 어느 순간부터 프로필 사진을 바꾸는 행위가 즐겁지 않았다. 나의 감정보다는 나를 바라볼 사람들을 의식하고 있기 때문이었다. 결국, 이러한 생각은 쇼핑할 때에 '더 스타일리스트처럼 보여야 해'라는 강박으로 이어졌다. 강박은 곧 원치 않는 옷 구매로 이어졌다. 그러던 중 그녀에게 온 메시지는 깊은 울림을 주었다.

옷을 잘 입는다는 것은 비싼 옷을 입는 것이 아니다. 지금 유행하는 옷을 입는 것도 아니다. 내가 입고 싶은 대로, 나를 가장 잘 나타낼 수 있는 옷을 입는 것이다.

'나를 입었다.'

옷을 잘 입는다는 것은
비싼 옷이나 유행하는 옷을 입어야 하는 것이 아니라,
내가 입고 싶은 대로, 나를 가장 잘 나타낼 수 있는 옷을 입는 것이다.

딱 이 느낌이었다. 나를 가장 잘 표현해줄 수 있는 옷을 입는 것. 그것이 내가 입고 싶은 옷일 것. 이 두 가지의 접점을 찾는 것이 나의 숙명이었다.

8년 전, 난 여성의류쇼핑몰 대표였다. 스물한 살 친구들이 한창 과제를 하고 있을 때 나는 겁 없이 쇼핑몰 업계에 뛰어들었다. 이유는 단 하나, 옷이 좋았기 때문이다.

동대문 도매시장을 밥 먹듯이 다녔다. 3,000곳이 넘는 도매업체들은 나에게 콘텐츠 세상이었다. 그중 계획된 콘셉트에 맞는 옷을 스스로 선택하고 구매해야 했다. 구매한 옷은 사무실로 돌아와 코디했다. 미칠 듯이 즐거운 시간이었다. 그리고 8년 뒤 결국 난 개인의 스타일을 알려주는 '퍼스널 스타일리스트'라는 영역을 만들었다. 나를 거쳐 간 수많은 사람들이 "마음이 편하다"라는 말을 많이 한다. 단순히 잘 어울리는 옷을 추천하는 것이 아니라 그들의 자존감이 높아지는 옷을 골랐기 때문이다.

진정 멋스러움은 '나다움'을 찾는 것이다. 지금부터 내 이야기를 들어주길 바란다. '당신다움'을 찾아드리겠다.

뇌의 상처

그녀를 처음 만난 날, 숨이 턱턱 막히는 한여름이었다. 카페는 연신 에어컨을 가동했지만 작렬하는 뜨거움을 당할 수는 없었다.

"딸랑." 카페 문이 열리면서 한 여성이 들어왔다. 적어도 두 사이즈는 커 보이는 박스 티, 트레이닝 바지. 집에서 막 나온 듯한 그녀는 나와 눈이 마주치곤 곧장 나에게 다가왔다.

"안녕하세요."

"안녕하세요. 오시는데 힘드셨죠?"

사전에 미리 사진을 보지 않았기 때문에 내심 어떤 사람일까 궁금했다. 몇 번의 대화가 오가고 그녀의 직업을 물었다.

"직업은 어떻게 되시나요?"

"아, 저는 인테리어를 하고 있어서 주로 집에서 컴퓨터로 업무를 해요."

복장으로 미루어 짐작했을 때 외부 활동이 많지 않은 직업이라 생각했다. 역시 예상이 맞았다. 그녀의 얼굴을 천천히 관찰했다. 그녀는 미인이었다. 눈썹, 코, 얼굴라인이 부드럽고 은은한 이목구비를 가지고 있었다. 놀랍게도 입고 있는 복장이 그 매력을 감추고 있었다. 내가 물었다.

"어떤 점이 가장 고민이세요?"

"실은 제가 얼마 전에 인터넷 쇼핑몰에서 옷을 구매했는데 가장 친한 친구가 제 옷을 보자마자 버리라고 하는 거예요. 저는 나름 고민해서 샀는데 그 친구가 그렇게 이야기를 할 정도면 내가 지금 심각한 수준이라는 생각이 들더라고요."

그녀를 다시 한 번 천천히 관찰했다. 몸에서 어떤 액세서리도 찾아볼 수 없었고 뒤로 질끈 묶은 머리칼과 목이 늘어진 박스 티, 회색 빛깔의 트레이닝 복, 분홍색 삼선 슬리퍼. 조금만 스타일을 잡아 준다면 확실한 변신을 할 수 있겠다는 확신이 들었다.

옷은 입으면 그만이지만 문제는 마음이었다. 타인으로부터 칭찬 한 번 들어보지 못한 그녀는 과연 옷이 바뀐다고 자신이 바뀔지 두려워하고 있었다.

의학박사 티머시 R. 제닝스는 그의 저서 [뇌, 하나님 설계의 비밀]에서 뇌가 상처를 받게 되면 대뇌변연계의 지나친 활동으로 두려움, 불안이 생길 수밖에 없다고 했다. 그리고 이것을 치유하기 위한 유일한 방법은 진실과 사랑밖에 없다고 말하며 과거에 반복적인 이유나 말로 학대를 받은 사람에게는 자신의 마음속에 심어진 거짓된 생각과 왜곡된 말을 진실로 대체해야 한다고 한다.

그녀와 같은 사람들이 보이는 특성은 스스로를 폄하한다는 것이다. "내 옷은 쓰레기 같아. 나는 꾸며도 별 볼 일 없어"와 같은 부정적인 말로 자신을 깎아내리기 바쁘다. 그 누구도 그녀에게 칭찬이나 사랑의 말을 해주지 않았기 때문이다.

그녀의 스타일을 바꾸기 위해서 스타일 메이킹 프로젝트를 시작했다. 시작은 '칭찬'이었다. 있는 그대로의 모습을 칭찬하는 것이었다. 그녀의 피부, 이목구비, 체형의 구체적 부분을 세세하게 칭찬하기 시작했다.

"피부 톤이 맑으시기 때문에 이런 파스텔 톤 계열의 원피스를 입으시면 얼굴이 2배는 예뻐 보일 거예요."

“캐주얼 복장 보다는 조금 더 라인이 있거나 실크 소재 블라우스를 입으시면 정말 우아해 보일 거예요.”

이렇게 직접적인 스타일을 말해주며 용기를 복돋웠다. 최종 커리큘럼이 끝나고 그녀에게 2주간의 과제를 내줬다. 그녀는 매일 같이 인증 샷을 보내오며 자문을 구했고 나는 조언과 함께 칭찬을 잊지 않았다. 2주 뒤, 최종 과제를 확인하기 위해 먼저 만났던 카페에서 그녀를 기다리고 있었다.

‘얼마나 변했을까?’
‘어쩌면 그대로일지 몰라.’

여러 가지 생각이 머리를 스칠 즈음 누군가가 나를 불렀다.

“선생님, 저 왔어요.”

익숙한 목소리. 그녀였다. 나는 돌아보곤 그녀의 모습에 놀랐다. 머리칼은 웨이브 컬이 부드러운 곡선을 그리고 있었고, 입술의 색은 그녀의 하얀 피부와 반사되어 얼굴은 빛이 나는 듯 했다. 무엇보다 중요한 것은 그녀가 웃고 있다는 것이었다. 그것도 환하게 말이다.

옷 스타일을 바꿔도 사람의 표정은 바꾸기가 힘들다. 표정은 내면의 상태를 말해주기 때문이다. 그런 그녀가 지금 내 눈 앞에서 환하게 웃고 있었다. 이윽고 털어 놓은 그녀, 화장품 색과 헤어스타일, 옷을 바꾸니 주변 사람들이 처음으로 칭찬을 했다는 것이다. 그것이 진정으로 행복하다고 말했다.

스타일 컨설팅은 그 어떠한 컨설팅보다 외적인 부분을 다루고 있다. 코디, 쇼핑, 스타일링, 체형 컨설팅 등 외형의 변화가 필요한 부분이다. 많은 사람이 옷을 바꿈으로써 이미지 변화를 시도하곤 한다. 하지만 곧 원래 입던 옷으로 돌아오는 경우가 대부분이다. 마음의 결심이 서지 않았기 때문이다.

나는 사람을 대할 때 마음의 문제가 무엇인지 먼저 파악하려 한다. 내면이 변해야 결국 외면의 변화를 받아들이기 때문이다. 명심하라. 진정한 코디네이팅은 마음으로부터 시작된다.

형용사를 살리다

목덜미를 휘감는 매서운 바람만큼 옷의 두께도 두툼해지는 한겨울이었다. 전화 한 통이 걸려왔다. 대략 30대로 보이는 여성의 목소리였다. 우리는 곧장 약속을 잡고 만나기로 했다.

"선생님 여기예요."

먼저 와서 손을 흔드는 그녀를 봤다. 첫인상은 서양적인 이목구비였고 특히 미소가 아름다웠다. 처음 보는 사람으로 하여금 따뜻한 느낌이 들게 만드는 사람이었다.

"나에게 어울리는 옷이 도대체 어떤 건지 모르겠어요."

나는 그녀를 자세히 뜯어 봤다. 밝은 미소와 서구적인 이목구비, 동양적인 옷 스타일 이목구비를 가리는 긴 일자 앞머리, 앙고라 니트. 난 그녀의 고민을 어렴풋이 짐작했다.

"사실 이렇게까지 말하기 정말 창피하지만, 사람들이 저보고 패션 테러리스트라고 해요. 재작년부터 책도 많이 보고, 피부과도 가고 옷도 많이 샀거든요. 그런데 정말 이제 안 되겠더라고요."

퍼스널 스타일리스트를 하면서 다양한 사람들을 만났다. 그들 중 90%가 털어 놓는 고민은 "나에게 어떤 옷이 잘 어울리는지 모르겠어요"이다. 자신의 얼굴형, 신체적 결점은 무엇인지 생각해본 적이 없다는 것이다. 사람들은 누구보다 자신을 잘 안다고 생각하지만 의외로 자신을 잘 아는 경우는 많지 않다. 오히려 타인이 그것을 알려줄 때까지 모르는 경우가 많다.

그녀 또한 그랬다. 오래전부터 패션에 대해서는 알려줄 수 있는 사람이 없었기 때문에 스스로 책도 읽고 이것저것 옷도 사보았지만, 되지 않았던 것이다.

난 영화배우 류승범을 좋아한다. 그만의 스타일을 개척하기 때문이다. 그는 남들이 입는 것을 따라 입지 않는다. 유행을 타지도 않는다. 오직 자신이 입고 싶은 옷을 입을 뿐이다. 10

년 전 그는 정장에 운동화를 신고 시상식에 참가한 적이 있다. 그는 그해 최악의 워스트 드레서(worst dresser)로 뽑혔다. 하지만 정확히 10년 후, 그때의 류승범의 시상식 패션이 우리나라 패션계를 휩쓸고 지나간 뒤 정장에 운동화를 신는 스타일이 많은 사람들에게 유행이 되었다. 어떻게 그런 것이 가능하게 됐을까? 어느 날 그의 인터뷰를 읽었다.

"공식적인 행사에서는 주로 내 옷을 입는 편이다. 이런 나만의 패션 철학을 버리고 싶지 않다. 배기바지, 롤업 스타일, 보타이, 뱅헤어 등. 내가 첫 번째로 해서 유행이 된 경우가 많다. 자부심이 많다. 자랑 같아서 말하기 쑥스럽지만 나는 뭐든지 잘 어울리는 것 같다."

그가 말하고자 하는 바는 명확했다. 바로 자신. 자신이 패션의 주체인 것이다. 많은 사람이 옷에 끌려 다닌다. '이 옷을 입으면 예뻐질 수 있을 거야'라고 생각하고 옷을 입는다면 이미 실패할 가능성이 높다. 내가 아닌 옷이 주체가 되기 때문이다. 나는 이 답을 그녀에게 알려주고 싶었다. 그래서 숙제를 내주었다.

"다음 주에는 첫 컨설팅을 진행할 거예요. 그전까지 자신의 첫인상에 대해 장단점을 생각해 오세요. 그리고 자신에 대해 객관적으로 말해줄 수 있는 사람 5~10명 정도에게 자신의 첫인상을 물어보고 장단점을 분석해서 적어오세요."

일주일이 지나고 약속한 시간이 되었다. 그녀는 처음 만난 날과 비슷한 헤어스타일과 패션을 하고 왔다. 하지만 그녀의 미소는 누구보다 빛나고 있었다.

"숙제는 해오셨나요?"
"네, 그럼요. 여기 있어요."

그녀가 내민 노트를 받아 읽었다. '도시적인', '당당한', '밝은'이라는 키워드가 반복적으로 보였다. 이것이 핵심이다. 타인이 바라보는 그녀의 이미지는 이 세 가지인 것이다.

그녀의 미소의 당당함, 밝고 예의 바른 이미지는 나뿐만 아니라 그녀가 만났던 다른 사람들도 똑같이 느낀 것이다. 하나하나씩 답을 찾아가는 느낌이었다. 그녀의 내면 그리고 그녀의 매력은 당당함이다. 그리고 도시적인 이목구비, 밝은 미소와 인성이다. 이 세 개의 형용사는 그녀 자신이었다. 하지만 그녀의 패션은 이것들을 말하고 있지 않았다. 나는 그녀에게 말했다.

"정말 당당한 이미지를 가지고 있어요. 이제 이 형용사에 맞추어 모든 스타일을 바꿀 거예요. 아니 바꾼다는 말보다 자기 자신으로 돌아가게 될 거예요."

"돌아가요?"

"자신의 본연의 모습으로요. 자신의 진짜 모습에 마주하지 않고 절대 스타일이 좋아질 수 없어요. 이 형용사를 살리는 스타일을 시도하세요."

많은 사람들이 자신의 본모습을 보지 못하기에 옷에 끌려다닌다. 진정한 자신의 스타일을 알아보는 법 중에 하나는 타인에게 나에 대해 물어보는 것이다. 그들은 객관적으로 나를 평가해 줄 것이다.

근육보다 스타일

내가 퍼스널 스타일리스트를 하면서 제일 어려운 부분이 무엇일까를 생각하고 있었다. 쇼핑? 컨설팅? 코디? 이 모든 것이 쉽지는 않다. 하지만 가장 어려운 건 쇼핑이나 스타일링과 같은 일의 형식이 아니었다. 공감을 이끌어 내는 것이었다. 공감이란 어떤 주장에 대하여 자기도 그렇다고 느끼는 것이다. 내가 하는 일은 주로 패션에 대한 공감을 이끌어 내는 것이다. 자신이 매력 있는 존재라는 진리를 공감시켜야 한다. 공감을 위해 지속적으로 깊은 대화를 하고, 여러 전략을 사용하지만 패션에 대하여 공감을 하지 못하는 고객님들을 멋있는 사람으로 만들어 주는 일은 너무나도 어렵다. 늦은 밤 문자 메시지가 도착했다.

"남성 스타일링도 봐주시나요?"

남성들이 나를 찾는 이유는 멋있어지기 위해서이다. 남성들은 특히 비즈니스 상 자신의 존재를 증명 받거나 전문적인 모습을 보여야 하기 때문에 스타일 관리를 받는 경우가 있다. 하지만 안타까운 점 중에 하나는 딱 거기까지라는 것이다. 세심한 여성과 달리 몇 가지만 준비하고 입으면 되는 거로 착각하는 남성 고객이 많다.

이 남성의 가장 큰 고민은 쇼핑이었다. 쇼핑 시간이 마치 벌 받는 시간 같다고 했다. 그렇기 때문에 손에 잡히는 대로, 눈에 보이는 대로 구매해서 입다보니 옷이란 것은 몸을 가리는 용도일 뿐이라고 했다. 신발 또한 걷기 위한 도구일 뿐이라고 했다. 남성은 여성들보다 동행 쇼핑이 어려운 편이다.

"쇼핑을 하시는 대는 평균적으로 2~3시간 정도 걸린다고 보시면 됩니다."

"두 시간이나요?"

"네, 컨설팅을 받고 옷장을 정리하고 자신에게 맞는 스타일이나 이미지를 찾기 위해서는 그 정도 시간은 생각하시는 게 좋아요."

"혹시 여러 군데를 가시는 건 아니죠? 한 군데에서 다 사는 거지요?"

"아, 불편하신 점이 있나요?"

“저는 걷는 거를 싫어하는데 너무 멀리는 안 가셨으면 좋겠어요.”

동행 쇼핑 날이 다가왔다. 멀리서부터 보이는 그의 모습은 생각보다 근사했다. 그의 체격은 다부졌고 피부는 구릿빛이었다. 다만 몇 가지 아쉬운 점이 눈에 띄었다. 가슴 중앙에 크게 자리 잡은 명품로고의 티셔츠와 커다란 엠블럼 벨트 그리고 10년 전에 유행했던 빈티지한 데님이었다. 한마디로 과한 느낌이었다.

체형 컨설팅을 먼저 진행했다. 사람의 체형은 여러 가지다. 기본체형부터 배 나온 체형, 다리가 일자형, 골반이 여자처럼 넓은 체형 등이 있다. 체형에 맞는 스타일링은 매우 중요하다. 그것에 따라 재킷 단추 개수가 달라지고, 바지 모양이 달라지기 때문이다. 또한 체형에 맞춰서 스타일링을 하면 자신의 몸보다 훨씬 좋아 보이고 말라보이거나 뚱뚱해 보이지 않을 수 있다.

그의 기본 스타일과 이미지, 컬러 그리고 체형을 분석했다. 먼저 그는 운동을 좋아하는 남성이었다. 어깨너비가 몸에 비해 넓었다. 가슴둘레는 105 정도였지만 어깨는 115 사이즈이었다.

몸에 비해 어깨만 넓었기 때문에 옷들의 어깨부분과 팔뚝부분만 타이트 하게 맞아서 세련된 핏감이 나올 수 없었던 것이다. 가슴과 허리부분은 맞았지만 어깨부분은 작아서 팔뚝이 굵어보였다. 핏감 자체가 슬림하지 못하고 너무 타이트하기 때문에 팔이 두꺼워 보이고 조폭처럼 과한 느낌이 났다. 그가 말했다.

"팔운동을 많이 해서 거의 팔 부분이 헐렁헐렁한 건 싫더라고요. 그래서 일부로 타이트하게 입었는데…"

나는 이 남성의 체형에 대해서 장단점을 설명해주고 입어야 할 스타일과 입지 말아야 할 옷에 대하여 이야기 했다. 그리고 컨설팅 결과에 따라서 쇼핑을 하기로 했다. 첫 번째 매장에서 미리 골라놓은 재킷을 걸쳤다. 재킷을 걸치면서 그는 어색한 미소를 보였다. 물어보니 그런 옷을 한 번도 입어보지 않았다고 하는 것이다. 거울에 이리저리 자신을 비춰보던 그는 무심한 듯 내뱉었다.

"어? 이런 옷도 잘 어울리네!"

이후 바지와 함께 코디를 해줬고 그는 입어 보았던 모든 옷을 구매했다.

남성들이여, 근육을 키우는 것도 좋지만
오늘 한 번쯤은 내 몸에 멋진 옷을 하나 선물해주는 것은 어떨까?

"재킷 하나만 더 골라주실 수 있나요?"

그는 심지어 옷을 더 골라달라는 주문을 했다. 이후 그는 무려 4시간 동안 쇼핑을 했다. 원래 쇼핑예산계획서에서 쓴 목록을 초과해 행거칩, 양말, 신발, 재킷 2개까지 더 사게 되었다. 누가 보기에도 그는 쇼핑을 즐기고 있었다. 어떻게 이런 일이 가능했을까?

"아는 만큼 보인다"라는 말이 있다. 사람은 자신이 알고 있는 선에서만 이해하고 생각한다는 말이다. 이것은 옷을 고를 때도 마찬가지다. 정장만 입던 사람은 옷을 선택함에 있어 그 선택의 폭이 좁다. 하지만 여러 가지 옷을 입어본 사람은 그 폭이 매우 넓다. 그들은 입는 행위 자체를 즐긴다. 그렇다 보니 쇼핑 시간이 자연스럽게 늘어나고 그 과정에서 스트레스가 해소되기도 한다. 이 기분은 마치 옷에게 나 자신을 인정받는 것과 같다.

그는 옷을 타이트하게만 입었다. 그렇다 보니 옷은 즐기는 것이 아니라 하나의 부담거리로 전락하게 된 것이다. 이후 그는 정기적으로 쇼핑을 즐기기 시작했다. 옷을 바꿔 입어보며 잘 어울리는지 나에게 데일리룩을 점검 받기도 했다. 한 가지 신기한 것은 옷만 바꿨을 뿐인데 그의 비즈니스까지 승승장구한다는 것이다. 옷으로 올라간 자존감은 상대방을 만날 때 자신감 넘치는 모습을 보였고 그 모습을 본 고객사들이 줄줄이 계약을 한다는 것이다.

남성들이여, 근육을 키우는 것도 좋지만 오늘 한 번쯤은 내 몸에 멋진 옷을 하나 선물해주는 것은 어떨까?

루이비통과 SPA

“그럴듯하게 꾸미기보다 본래 모습을 보이는 편이 성공적이다.”

다케무라 겐이치

명품만이 좋은 옷이 아니다. 늘 새로운 고객들은 같은 고민을 안고 나를 찾았다. 바로 ‘나의 스타일을 찾는 것’이다. 나는 이 일을 하면서 매우 다양한 업에 종사하는 사람들을 만나고 있다. 회사를 운영하는 대표, 실연당한 여성, 새 직장에서 새 출발을 하는 직장인, 출산 후 복직을 하려는 여성 등.

다양한 직업과 상황이지만 그들의 공통점은 단 하나였다. ‘타인으로부터 인정받고 싶은 것’이다. 사람의 마음속에는 ‘인정의 욕구’가 자리 잡고 있다. 즉, 다른 사람으로부터 나의 존재를 인정받고 싶어 하는 것이다. 일례로 소셜 미디어가 있다. 나의 일상을 올려둠으로써 팔로워들에게 "부럽다"라는 말을 듣고 싶어 하는 것이 인정의 욕구이다.

하지만 이것의 대부분은 따라 하는 것에 지나지 않는다. 유명한 사람의 패션을 따라 하거나, 그들의 삶을 따라 하는 것이다. 결국, 그것에 지친 사람들은 자존감이 떨어지게 된다.

나는 사람들의 스타일을 연구하지만 궁극적으로 지향하는 것은 그들의 자존감을 향상시키는 것이다. 그래서 그들의 외형을 맞게 스타일링 해주는 것이 매우 중요한 것임을 알게 됐다. 이를 위해 그들의 직업, 성향, 생활패턴, 습관 등을 반드시 알아야 한다. 그 이후는 현장에 답이 있다. 실제 함께 쇼핑을 하면서 그들 스스로 옷을 고르고 선택하게 한다.

관련된 소품이나 머리스타일을 바꾸기도 한다. 패션은 옷이 아니라 전체이기 때문이다. 이 모든 것은 행동으로 귀결된다. 아무리 멋진 스타일을 제안해도 그들이 움직이지 않으면 변하지 않는다. 사람의 마음이라는 것이 관성이 있어서 항상 하던 대로 생각하고 움직이려는 경향이 있다. 십수 년 동안 고수해온 패션을 하루아침에 바꿔야하는 것이 쉽겠는가? 그렇기에 나는 액세서리 하나에, 벨트 하나에도 시선을 거두지 않는다. 그들이 마음에 들어 하는 순간이 변화의 시발점이 되기 때문이다.

많은 사람들이 본인의 체형, 색상, 성향에 대해 간과한다.

어느 날, 집안 구석에 쌓여있는 수많은 명품들을 바라보며
'과연 이것들이 나를 설명해줄 수 있는 것일까?'라는
물음을 던진 적이 있다.
답은 'NO'였다.

스타일링의 시작은 '나'다. 나의 이해로부터 시작하는 것이다. 나를 이해하지 못하고 명품으로 몸을 치장한다면 그것은 단지 비싼 물품에 지나지 않는다.

학창시절부터 명품에 몰두하는 친구들을 많이 보아왔다. 물론 나도 마찬가지였다. 남들이 모두 들고 있는 브랜드의 핸드백을 들어야 그들과 동등하거나 혹은 우위에 있다고 생각했다. 누군가가 신상품을 구매했다는 이야기를 들으면 이에 질새라 더욱 비싼 명품을 구매하곤 했다.

어느 날, 집안 구석에 쌓여있는 수많은 명품들을 바라보며 '과연 이것들이 나를 설명해 줄 수 있는 것일까?'라는 물음을 던진 적이 있다. 답은 'NO'였다.

퍼스널 스타일리스트 일을 하며 명품보단 SPA 브랜드를 선호한다. SPA 브랜드란 우리가 주변에서 쉽게 볼 수 있는 유니클로, 자라, H&M 등을 말한다. SPA는 Specialty store retailer of Private label Apparel의 약자로 자사상표 의류의 전문 판매점 정도가 된다. 즉, 제조 및 유통을 한 회사가 모두 하는 것을 말한다.

SPA 브랜드는 트렌드가 될 만한 아이템을 발굴하면 곧바로 기획 및 디자인에 들어가 생산과 유통까지를 빠르게 진행하며 보통 다품종 소량생산을 한다. 그렇기에 재고를 줄이고, 유행을 빨리 좇아갈 수 있다는 장점이 있다. 보통 1~2주 단

위로 신상품이 업데이트되기 때문에 유행을 빨리 감지 할 수 있다는 장점이 있다.

물론 명품 또한 훌륭한 디자이너가 제작한 것이기에 그 가치는 뛰어나다. 하지만 나는 지난 8년간 패션업계에서 일을 하는 동안 동대문 도매시장부터, 편집샵, 온라인쇼핑몰, 명품관과 백화점 브랜드를 거치지 않은 곳이 없었다.

다양한 환경에서 패션아이템을 접하다 보니 명품관에 출시된 디자인이 SPA 브랜드에서 판매되고 있다는 사실을 알게 되었고 상대적으로 저렴한 가격에 가성비 높은 스타일링이 가능하다는 것을 알게 됐다.

실제로 SPA브랜드를 입었지만 명품인지 물어보는 사람들을 많이 만났다. 나는 그 순간에 희열을 느낀다. 비싼 것이, 브랜드가 전부가 아닌 것이 증명되는 순간이기 때문이다. 그것이 내가 틀리지 않았다는 것을 말해주기 때문이다.

청춘들이여, 명품에 집착하지 않았으면 한다. 시간이 지나면 값이 올라가는 명품은 여러분 자신이다. 대학 4년 동안 명품에 집착하며 단 한 번도 그대들을 돌아보지 않았다면 그것은 한낱 가죽 쪼가리에 자신을 투영했기 때문일 수도 있다. 명심하라. 명품은 여러분 자신이다.

자연스러움과 인위적인 것의 차이

소위 명품이라고 하는 유명한 브랜드의 옷을 입어도 인위적이고 예뻐 보이지 않는 사람을 본 적이 있다. 잔뜩 꾸몄지만 자연스럽지 못한 사람, 즉 낮은 자존감이 외면으로 드러나는 사람이다.

'스타일이 인위적인 것 같다'라는 것은 어떤 것일까? 붙임머리? 가발? 이미지에 어울리지 않는 옷? 그 기준은 대체 무엇일까. 여러 가지가 있지만 그중 하나를 뽑자면 인조 속눈썹이 있다. 사실 인조 속눈썹을 붙이는 행위 자체는 인위적이라고 생각하지 않는다. 하지만 이것을 붙이는 대상에 따라서 그것이 자연스러울 수도 있고 인위적일 수도 있다. 어떤 사람은 인조 속눈썹을 붙인 모습이 더 자연스러워 보이는 사람이 있다. 눈매가 화려하고 도시적인 사람에게 인조 속눈썹은 자연스러움으로 머문다.

나의 경우에는 반대였다. 고등학생 때 인조 속눈썹이 유행하던 시절 엄마 몰래 인조 속눈썹을 붙이고 집에 왔다. 아침에 일어나 엄마가 나를 보더니 너무 부자연스럽다고 했다. 예쁘다는 이야기는커녕 좋지 않은 말을 들으니 기분이 너무 나빴던 기억이 난다. 엄마는 내 눈이 어색하고, 곧 울 것 같은 얼굴처럼 보인다고 했다. 엄마가 그렇게 말하니 정말 그렇게 보이는 것 같았다. 그 당시 친구들은 인조 속눈썹을 붙이면 예쁘다는 말을 듣곤 했다. 하지만 나는 좋은 평가를 듣지 못하니 참 속상했다.

그때 나는 자연스러운 스타일링에 대해서 잘 알지 못했던 것이다. 지금은 나에게 인조 속눈썹은 나다움을 살려주는 도구가 아니며, 인위적이라는 것을 잘 알고 있다. 오히려 붙이지 않는 내 눈이 더 예쁘다는 사실을 깨달았기 때문이다. 대체로 스타일이 인위적으로 보이는 사람들은 자신에게 있어 자연스러움이 무엇인지 잘 알지 못한다. 그렇기 때문에 연예인을 따라서 무차별한 성형을 하여 얼굴을 자연스럽지 못하게 만든다. 내가 아는 사람들 중에 너무나도 아름다운 비율과 매력적인 페이스를 갖고 있음에도 불구하고 인위적인 성형으로 매력을 스스로 갉아먹는 것을 보면 마음이 아플 때가 많다.

패션 또한 마찬가지이다. 자신에게 어울리는 패션이 아닌 어색한 의상과 액세서리를 고르지만 그것이 인위적인지 자연스러운지를 알지 못하면 자신의 참된 매력을 드러낼 수 없다. 누군가에겐 화려하고 과한 액세서리가 어떤 사람에겐 가장 자연스럽고 소박한 아이템이 될 수 있다.

나를 찾아온 한 고객은 인조 속눈썹은커녕 립글로스도 바르지 않은 맨 얼굴로 상담을 왔다. 자기는 수수한 것이 좋다고 말했다. 하지만 컨설팅 결과 그녀에게는 수수한 의상이나 아이템이 아파 보이거나 초라해 보이기만 한다는 것을 발견할 수 있었다. 문제가 무엇인지 분석해보니 그녀는 화려하고 힘이 있는 아이템이나 메이크업이 어울리는 이미지와 피부 톤, 이목구비를 가지고 있었다. 대체로 이목구비가 뚜렷하고 피부와 헤어 컬러의 대비가 심할수록 수수한 것들이 더 어울리지 않는다.

그 후 그 고객은 컨설팅을 통해 메이크업을 바꾸고 속눈썹을 붙였다. 또한 나의 조언에 따라 새빨간 드레스나 청명한 파란색의 블라우스(비비드한 또렷한 컬러군)를 입으니 다르게 보였다. 다이아몬드처럼 화려하게 빛나는 스타일링이 그녀에게는 너무나도 잘 어울렸다. 마치 주인을 찾은 것 같았다. 흐리멍덩하게 보였던 이목구비는 더 진해졌다. 마치 렌즈 도수를 잘 맞췄을 때 시야가 달라지는 것처럼 그녀의 이목구비도 뚜렷해진 것이다. 남들에게는 과할 수 있는 패션이 그녀에게는 자연스러움이었다. 과도하게 화려한 것보다는 적당한 화려함과 깨끗함이 공존하는 스타일이 어울리는 나에게는 과한 화려함도 어울리는 그녀가 부럽기도 했다.

자연스러움과 인위적인 것의 기준은 절대 객관적일 수 없다. 그 사람이 누구냐에 따라 이 형용사를 쓸 수도 있고 못 쓸 수도 있는 것이다. 스타일리시함의 가장 중요한 포인트는 나에게 맞는 자연스러움과 인위적인 것이 무엇인지 발견하고 구분하는 것이다. 이것을 아는 사람은 과하게 트렌드를 쫓는다든지, 연예인이나 마네킹의 의상을 그대로 카피하지 않는다.

스타일은 나다울 때 가장 빛난다. 왜 무조건 연예인이 입은 의상을 똑같이 사려고 하는가, 그 옷은 그 사람이 입었을 때 더 빛나 보이는 것일 수 있다. 자신의 이미지와 체형, 어울리는 요소들을 전혀 고려하지 않은 채 쇼핑을 한 뒤 후회해서 옷장에 수북이 쌓아두는 경우라면 자신이 누구인지 적어보고 자신에게 어울리는 자연스러움을 찾는 행위가 우선순위가 되어야 할 것이다.

하지만 이러한 사실에도 불구하고 명품만 입으면 되고, '연예인이 한 그 헤어숍에서 머리만 하면 나도 똑같을 거야'라고 생각한 채 자신에게 가장 안 어울리는 헤어스타일을 무분별하게 하는 사람들이 있다. 이런 사람들에게는 자연스러움보다는 인위적으로 보일 확률이 높다. 내면 자체가 인위적이기 때문이다. 꾸며도 불안해 보이는 사람이 되기보다는 꾸미지 않아도 자신 그대로가 보이는 사람이 되자. 하나의 액세서리를 하더라도 나를 보여줄 수 있는 액세서리를 하는 사람, 그 사람이 진정한 패션 인이 아닐까?

스타일 점검하기

1. 나의 이목구비는 진한 편인가 / 연한 편인가?

- 진한 편 : 진하고 대비가 강한 컬러의 옷/아이템을 착용할수록 인상이 좋아 보인다.
- 연한 편 : 연하고 대비가 적은 컬러의 옷/아이템을 착용할수록 인상이 더 부드러워 보인다.

2. 나는 화려한 것이 어울리는가, 자연스러운 게 어울리는가?

3. 내가 가장 나다워 보일 때의 패션은?

a.

b.

c.

4. 나의 자연스러움을 살려줄 수 있는 액세서리는 무엇일까?

a.

b.

c.

5. 내가 나답지 않거나 인위적이라고 느끼는 순간 또는 패션은?

a.

b.

6. 자연스러운 스타일을 드러내기 위해서 내가 바꿔야 할 것은?

ex) 나는 눈썹도 연하고 이목구비가 작다. 매우 큰 패턴의 옷을 입거나 큰 단추를 입으면 인상이 더 소심해 보이는 것 같다. 나에게 맞는 크기, 연한 컬러의 옷을 입었을 때 세련돼 보인다.

a.

b.

c.

style tip

1. 인상이 진하고 화려한 사람에게 어울리는 스타일링

- 하이 콘트라스트(high contrast): 대비를 강하게
- 이너와 아우터의 컬러 대비감을 강하게 준다.
- 진한 넥타이를 맨다(원색이나 비비드 톤).
- 컬러가 선명한 귀걸이 / 스카프를 착용한다.
- 메이크업 립을 진하게 바르거나, 또렷함에 중점을 준다.

2. 인상이 연하고 부드러운 사람에게 어울리는 스타일링

- 로우 콘트라스트(low contrast): 대비감을 약하게
- 이너와 아우터의 컬러 대비감을 연하게 준다.
- 연한 넥타이를 맨다. 연한 컬러의 스카프를 한다(파스텔 톤).
- 연한 색조에 투명한 피부 톤을 살리는 것에 집중한다.

하이 콘트라스트 로우 콘트라스트

Part 2

사랑 VS 두려움

퍼스널 스타일리스트가 되는 법

"나는 힘과 자신감을 찾아 항상 바깥으로 눈을 돌렸지만,
자신감은 내면에서 나온다. 자신감은 항상 그곳에 있다."

안나 프로이드

직업에 대한 질문을 많이 받는다. 자격증은 있어야 하는지, 무슨 전공을 해야 하는지, 내 직업에 대한 질문을 받는다는 것은 기분 좋은 일이다. 그만큼 관심이 있다는 말이기 때문이다.

하지만 그들이 질문하는 것 중 공통점을 발견한 것이 있다. 그것은 바로 '자신에 대한 확신'이 없다는 것이다. 질문 뒤에 항상 함께하는 것이 미래가 보장되어 있는지를 물었다.

나 또한 이 직업을 선택하기에 앞서 자격증, 스펙 등 여러 가지 공부를 하고 많은 준비를 했지만 단 한 가지 하지 않은

것이 있었다. 미래에 대해서 불안해하거나 이 직업이 안정적이지 못하면 어떻게 하나에 대한 고민이었다.

내가 확신한 한 가지는 내가 이것을 즐기고 타인의 행복한 모습을 보며 행복을 느낀다는 것이다. 이것은 학습을 통해 배운 것이 아니라 오래된 확신이며, 내 안에서 나왔다는 것은 분명하게 말할 수 있다.

머릿속에 떠도는 생각들을 행동으로 옮겨 놓은 것뿐이다. 만약 퍼스널 스타일리스트가 되고 싶다면, 아니 그 무엇이 되고 싶다면 이러한 확신이 있어야 한다. 또한 자신의 스타일에 대한 자신감이 있어야 한다. 내가 입은 스타일에 대해서 '어, 남들이 내 스타일이 이상하다고 생각하면 어떡하지?', '내가 입은 옷이 촌스럽지는 않을까?'라는 생각을 가지고 고객을 만날 수는 없다. 머리부터 발끝까지 그 사람의 숨은 매력과 본질을 찾아주고, 그 사람에게 어울리는 옷을 찾아주기 위해서는 일단 내가 어울리는 것을 완벽하게 알고 있어야 한다.

또한 내 스타일에 내가 만족해야 하며, 주변에서 인정해야 하고, 끊임없이 스타일이 발전해야 한다. 이러한 확신들은 언제 생겼는지 생각해 보았다. 그것은 나를 사랑하기 시작한 순간부터 시작되었다.

나의 20대는 우여곡절이 많았다. 20대 초반 어린 나이에 사업 성공으로 또래 친구들이 만질 수 없는 돈을 벌어도 보고,

또 그것을 완벽하게 실패함으로써 자존감이 바닥까지 떨어졌었다. 하루하루가 캄캄한 날들이었다. 그러다 우연한 기회에 사람들의 이미지를 바꿔주는 직업을 접했고 이것이 나의 천직이라는 직감이 들었다. 이후 아카데미 등 여러 곳을 알아보고 수강했다. 가는 모든 곳에서 1등을 놓치지 않았다. 즐거웠기 때문이다. 즐기는 자는 그 누구도 넘을 수 없다.

학원에서 수강생으로 첫 수업 시간이었다. 나는 그날의 기억이 바로 어제처럼 생생하다. 강단에 섰던 강사의 모습을 잊을 수 없다. 옷차림, 스타일, 메이크업, 헤어스타일, 무엇하나 빠지는 것이 없었다. 나도 저 사람처럼 누군가 앞에서 당당하게 말하고 싶다는 욕망이 솟구쳤다. 당시 난 1분 1초가 너무나도 귀했다.

수개월의 학습을 마치고 나는 1등을 했다. 그리고 수석 컨설턴트가 되어 졸업을 하게 됐다. 그때부터 인생이 조금씩 꿈틀거리기 시작했다. 나도 할 수 있다는 자신감이 들었고 높아진 자존감은 외형의 스타일 변화로 이어졌다. 때론 과감하게, 때론 시크하게 변화를 줬다. 숨통이 트이는 느낌이었다.

졸업 후 첫 의뢰가 들어왔다. 후에 고객에게 나를 선택한 이유를 물은 적이 있다. 그의 대답은 간단했다. 프로필 사진 속 나의 모습이 당당해보여서라고 했다. 사진 속 사람에게 자신의 스타일을 맡기면 나도 왠지 옷을 잘 입게 될 것 같다는 확

그것은 바로 옷은 '메시지'라는 것이다.
내가 사람들에게 말하고 싶은 것을 굳이 말을 하지 않고도
전할 수 있는 힘이 옷에 있다는 것이다.

신이 들었다고 했다. 나는 감사함과 동시에 비밀을 하나 알아차린 기분이었다. 그것은 바로 옷은 '메시지'라는 것이다. 내가 사람들에게 말하고 싶은 것을 굳이 말을 하지 않고도 전할 수 있는 힘이 옷에 있다는 것이다.

간절함, 자신을 찾으려는 노력, 수많은 고민을 하는 사람들을 나는 응원한다. 아직도 스타일을 찾지 못하는 사람들 또한 진심으로 위로한다. 왜냐면 나 또한 그런 시간을 겪어냈기 때문이다. 가끔 신데렐라처럼 "짠!"하면 스타일이 변하기를 원하는 사람들이 있지만 나를 제대로 된 모습으로 봐 줄 수 있는 사람은 나 자신이 되어야 한다.

수많은 프로그램, 돈, 좋은 옷이 있을지라도 가장 먼저 우선으로 되어야 할 것은 나를 사랑하는 마음이다. 이것은 한 번에 생기지도 않는다. 반드시 고난과 어려움을 동반한다.

하지만 한 가지 확실하게 말할 수 있는 것은 끝까지 자신을 믿고 내면의 소리를 듣고 포기하지 않는 사람, 남들의 시선보다 자신이 원하는 바를 끝까지 경주하는 사람은 반드시 자신의 자존감을 찾을 수 있다는 것이다. 그리고 자신만의 유일하고 아름다운 스타일을 찾을 수 있다는 것이다. 나는 지금도 나 자신을 사랑하려고 노력중이다.

스타일을 망치는 지름길, 두려움이라는 아이

"절대 두려움 때문에 포기해서는 안 된다. 결정은 자기 자신이 내리는 것이다."

스티븐 코비

두려움과 비슷한 사전적 유의어는 공포, 근심, 무서움이다. 인간에게 언제부터 두려움이 시작되었을까? 아마도 가장 평화로운 엄마의 뱃속을 나와 "응애"하며 터지는 울음소리가 두려움의 첫소리일지 모른다. 새로운 환경, 거절감, 상실감, 존중받지 못하는 마음, 새로운 사람들, 그 외에 많은 것들이 두려움의 시작일 수 있다. 이 책을 읽다 보면 '스타일과 두려움과는 도대체 무슨 관계가 있는가'라는 물음을 던질 수 있을 것이다.

일반인들을 만나 스타일을 바꿔주면서 가장 답답한 일이 있었다. 그것은 돈에 관련된 문제도 아니고, 사람 문제도 아니었다. 보이는 듯하나 보이지 않는 아주 애매한 것이었다. 바로 고객들이 가지는 자신의 스타일에 대한 두려움이었다.

퍼스널 스타일링 서비스를 받는 것은 자신에게 엄청난 투자를 하는 것이며 큰 결심이다. 마치 다이어트를 결심하는 것과 같다. 아마도 나에게 찾아오기 전에 수많은 시간을 지나면서 일상 속에서 변화를 해야겠다는 생각을 했을 것이다. 실연을 당했다든지, 직장동료의 무시가 느껴졌다든지, 옷장을 보고 매일 아침 한숨을 쉬었다든지 등 말이다. 그래서 많은 생각과 자료 검색을 하다가 끝내 나를 찾아서 스타일 서비스 의뢰를 신청했을 것이다.

그 자체가 엄청난 변화의 시작이고 과감한 도전이다. 사람은 변화를 해야겠다고 느끼는 마음 자체가 생기기 쉽지 않기 때문이다. 물질적, 시간적 투자를 하면서 스타일을 바꿔보겠다고 여러 가지로 노력하는 것 자체가 엄청난 에너지 소모일 수 있다. 나는 이 모든 사실을 알고 있기 때문에 한 사람의 고객이 오면 정말 그 사람의 영혼의 색깔이 빛날 수 있도록 그 사람에게 맞는 스타일링을 찾아주려고 애쓴다. 수많은 자료 검색과 시장조사를 통해서 그 사람에게 맞는 것을 골라준다.

대부분의 경우에는 나를 신뢰하고 쉽게 따라온다. 몇십 년 동안 입어 온 옷들과 옷장들을 뒤로하고, 새로운 옷과 새로운 스타일을 마주할 준비가 된 고객들은 대부분 180도 변신에 성공한다. 하지만 변신이 어려운 부류의 고객들이 있다. 아직 스타일에 대한 두려움이 사라지지 않은 채 새로운 옷과 새로운 스타일링에 마주한 고객들이다. 이러한 고객들은 객관적으로는 훌륭한 외모와 신체적인 장점이 많을지라도 잘 변할 수 없다.

대부분 "나는 멋진 사람이 아니에요"라고 스스로 이야기한다. 안상헌 씨가 쓴 CHANGE [나는 왜 변화하지 못하는가?]라는 책에서 나의 적은 나, 남이 나를 어떻게 볼까 하는 두려움과 자존심은 새로운 시작을 하지 못한다고 말하고 있다. 정말 나의 적은 남이 아닌 나인 것이 아닐까?

변화를 하고 싶어서 나를 찾아왔지만 남을 의식하는 두려움 때문에 새로운 스타일을 시도조차 해보지 못하고 포기한다면 결국 변화를 할 수 없게 만드는 것이다. 두려움은 핑계를 만든다. 그렇다면 새로운 스타일에 대한 두려움은 어떻게 없앨 수 있을까? 어떻게 하면 새로운 룩을 잘 입고 행복하게 입을 수 있을까?

첫 번째는 나를 사랑하는 것에서부터 시작한다고 생각한다. 나를 사랑한다는 것은 매우 포괄적인 이야기일 수 있다. 다시 말하면 나를 잘 아는 것에서부터 시작한다고 생각한다. 남들이 볼 때 자신이 어떤 형용사로 기억되고 있는지 안다면 그것을 인정하고 그에 맞는 옷차림을 시도해 보는 것이 자신을 사랑하는 것이라고 생각한다. 만약 남들을 의식하는 마음과 비교하는 마음, 예전에 스타일에 실패해서 생긴 트라우마 때문에 새로운 스타일도 예전처럼 무조건 나쁘게 볼 것으로 생각하는 잘못된 마음은 자신을 사랑하는 마음을 보지 못하게 하는 검은 안개와 같다. 자신을 인정하는 것, 자신을 조금 더 멋있는 존재로 봐 주는 마음, 이런 뜨거운 감정들은 새로운 스타일을 시도할 수 있는 마음의 여유를 만든다.

두 번째는 가까운 사람들의 말을 너무 많이 듣지 않는 것이다. 대게 나의 적은 나 그리고 가까운 사람들에게 있다. 가족, 친한 친구, 남자친구, 직장동료 등을 말한다. 그들은 나를 있는 그대로로 봐주지 않을 수도 있음을 기억하면 좋겠다. 그들의 말이 진실이 아닐 수 있다는 것을 알아야 한다. 새로운 스타일을 시도했을 때, 변화를 시도했을 때, 부정적인 감정을 심어주는 사람들의 말을 깊게 새겨듣는 습관이 생기면 결국 내가 하고 싶은 스타일이 아닌 나의 친한 친구, 가족이 원하는 스타일로 가고 있는 자신을 발견하게 될 것이다.

스타일을 만들고 나를 만드는 것은 결국 나이다. 남의 말보다는 나의 내면의 목소리에 조금 더 귀를 기울인다면 두려움을 이길 수 있을 것이다. 사랑은 모든 두려움을 이긴다고 믿는다.

세 번째는 두려움을 그대로 바라보는 것이다. 적을 알아야 백전백승이라는 이야기가 있다. 자신이 왜 옷을 입는 것이 두려운지를 먼저 파헤치는 것이다. 실제 나의 고객 중에 뛰어난 바디 프로포션(body proportion)을 가지고 있고 날씬하고 나이보다 젊어 보이는 외모를 가지고 있는데도 불구하고 내가 추천해주는 옷들은 하나같이 입기 힘들다고 고백한 여성이 있었다. 이 여성의 경우에는 사회에서 만난 타인과의 관계에서 실패했던 경험 안에서 자신의 외모나 옷차림새가 부족하기 때문에 자신이 더 무시당하는 것 같다고 말했고, 이러한 생각들 때문에 '옷을 잘 입을 수 있을까'에 대한 쓸데없는 염려로 가득 차 있었다. 그녀에게 필요한 것은 당장 옷을 구매하는 것이 아니라. 마음을 치료하는 것이었다. [옷장 심리학]이라는 책을 쓴 제니퍼 바움가르트너는 지나치게 단조로운 스타일링을 한다든지 검정색 옷만 입는 것과 같은 외적인 이미지나 스타일링 실력 때문이라고 생각할 수 있는 부분이 실제로는 스타일링 실력이 아닌 내면의 두려움이나 과거의 실패 때문이라고 말했다. 또한 이런 부분을 방치할 경우, 삶의 의욕을 잃어버리고 자기혐오, 자살 등 큰 문제로까지 이어질 수 있다고 말했다.

그렇기 때문에 자신의 내면의 문제, 상처 등을 치료하는 것 또한 두려움을 이길 수 있는 하나의 방법일 수 있다. 반대로 패션을 통해서 내면의 상처가 치료될 수도 있다. 검은색 옷만 입고 다니는 사람이 컬러풀한 옷을 입게 되면 자연스럽게 기분이 한층 좋아질 수 있다는 이야기이다. 나 또한 마음이 괴롭거나 아무 생각도 하기 싫은 날은 서랍정리를 한다. 모든 물건을 끄집어내어 버릴 것을 버리고 정리 정돈을 하게 되면 희한하게 마음이 깨끗하게 정리된 듯한 느낌을 받는다.

패션에는 두려움을 치료하는 힘이 있다. 일단 자신의 내면의 상태를 인정하고 스타일을 바꿔볼 용기를 가져보기를 추천한다. 생각지도 못하게 마음이 정리되고, 안 좋았던 관계들이 좋아질 수 있다. 두려움은 우리에게 큰 장벽이며 패션 감각을 방해하는 중요한 암벽이라는 사실은 확실하다. 이 장벽을 깨부수고 나오는 과정이 쉽지는 않을 것이다. 하지만 이러한 패션 우울증을 치료할 수 있는 유일한 길 또한 패션이다.

질문하기

1. 나의 스타일을 방해하는 내면의 상처나 두려움은 어떤 것들이 있을까?

- 사람 :
- 환경 :
- 관계 :
- 자아 :
- 남들의 시선 :

2. 이것들을 왜 두려워하는가?

-
-
-

3. 그 두려움을 해결하기 위해서 내가 할 수 있는 일은 무엇인가?

-
-
-

4. 마음을 청소하듯 패션으로 두려움을 없앨 수 있는 방법은 무엇인가?

-

-

-

Manners maketh man,
Style maketh women

살이 익을 듯 내리쬐는 햇볕이 온종일 몸을 따갑게 괴롭히는 여름이었다. 친한 동생과 함께 밥을 먹었다. 그녀를 알게 된지 1년이 채 되지 않았지만 처음부터 왠지 모르게 잘 통할 것 같은 느낌이 있었다. 이후 자주 어울리며 스타일 관리와 컨설팅을 해준 고객들의 전후 사진을 자주 보여주었는데 그럴 때마다 자신도 하고 싶다는 말을 매번 던지곤 했다. 밥을 먹던 도중 그녀는 스타일 관리를 받고 싶다는 이야기를 꺼냈다.

"언니, 나 스타일 때문에 너무 고민이에요."

자신에게 어울리는 스타일이 무엇인지 알 수가 없다고 했다. 그녀의 나이는 스물넷, 메이크업 컨설턴트를 꿈꾸고 있었다. 10년 뒤 메이크업 샵을 차리겠다는 정확한 목표와 세부적인 계획이 있을 만큼 열심히 하는 친구였다. 책도 많이 보고 늘 자신의 분야에 대해서 열심히 공부하는 모습을 보고 나도 배워야겠다는 생각을 했다. 하지만 스타일에 대해서는 항상 아쉬운 점이 있었다.

그녀의 외모는 홑 꺼풀 눈과 작고 오목조목한 이목구비를 가지고 있어서 처음 보았을 때부터 묘한 매력이 있다고 생각이 들었다. 하지만 강점을 잘 살리지 못하고 있었다. 물론 조언은 하지 않았다. 이유는 내가 조언을 하면 그것은 일이 되고 '친한 동생'의 관계로만 보기 어렵기 때문이다. 난 일할 때를 제외하곤 스타일에 대한 말을 가급적 하지 않는다.

그런데 그녀가 먼저 관리를 받고 싶다고 말한 것이다. 한편으로는 놀랍기도 했고 반갑기도 했다. 그녀가 그렇게 말하는 순간, 이미 그녀의 마음속에는 변화하고 싶다는 욕망이 있기 때문이다.

그녀에게 한 달 동안 스타일 클래스를 통해서 패션과 스타일에 대해서 공부를 해보자고 했다. 그녀는 햇살처럼 밝은 미소로 고개를 끄덕이며 흔쾌히 공부를 시작하겠다고 했다. 그녀와 만나기로 한 첫 수업 날, 그녀에게 물었다.

"너는 어떻게 변하고 싶어?"

"저는 메이크업 아티스트 느낌이 나도록, 전문적인 이미지를 갖고 싶어요."

그녀가 가장 먼저 해야 하는 것은 '콘셉트'를 세우는 것이었다. 나는 그녀에게 원하는 콘셉트를 물었다. 그녀는 쉽게 말을 이어가지 못했다. 평소에는 밝고 분위기를 주도하는 성격의 그녀였는데 자신에 대해서 이야기를 시작하니 한없이 주눅이 들어 보였다. 다소 의외였다.

그녀를 거울 앞에 세웠다. 자신을 바라보고 떠오르는 생각 다섯 가지를 적어보게 했다. 망설이더니 그녀가 말했다.

"잘 모르겠어요. 막상 적으려니까 부정적인 단어만 떠올라요."

키워드 도출 과정을 거치면서 부정적인 단어를 떠올리는 사람들이 많다. 이들은 대체적으로 자존감이 낮은 경우가 많다.

첫 시간이었던 '패션 이론'에 대한 설명을 접고 '질문'을 했다. 사람들은 질문을 받을 때 당황한다. 스스로 타인에게 물어본 적은 많지만 그만큼 자신에게 질문을 하지 않기 때문이다. 질문은 내면의 민낯을 들여다보게 하는 중요한 도구다.

박스 티에 운동화만 신던 그녀가
반 개월 사이에 멋스러운 숙녀가 되었다.
자신을 입는 것이 진정한 스타일이다.

나는 그녀에게 지속적으로 질문했다. 무엇을 좋아하는지, 어떤 것을 했을 때 기쁨을 느끼는지, 왜 그렇게 느끼는지. 질문은 꼬리에 꼬리를 물고 이어졌다.

결국 그녀는 나와 같이 스타일로서 사람들을 행복하게 해주고 싶다고 했다. 그녀에게 밝은 톤의 옷을 추천했다. 게다가 그녀의 이목구비에서 느껴지는 동양적인 분위기에 대해 조언했다. 평범한 옷보다는 자신을 나타낼 수 있는 옷, 트렌드를 읽을 것을 주문했다. 그녀는 수업이 종료되고 얼마 뒤 장문의 메시지를 보내왔다.

"외적인 아름다움보다 어쩌면 저는 내적인 충만을 원했던 것 같아요. 그래서인지 이미지에 대한 고민이 많았어요. 그것이 진짜 나인지조차 헷갈릴 때가 많았거든요. 수업을 통해서 느낀 것 중에 가장 큰 것은 옷은 내 외형을 빛나게 해주지만 그것보다 더 중요한 것은 나 자신이 빛나야 한다는 것이었어요. 감사합니다."

제대로 스타일링을 해주면 안팎으로 많은 변화가 일어난다. 내내 땅만 쳐다보고 말하던 사람이 어느 순간 두 눈을 반짝이며 다가와 말을 걸고, 걸음걸이 또한 당당하게 된다.

더 놀라운 사실은 그녀가 내 눈에 메이크업 아티스트로 보인다는 것이었다. 스타일링과 높아진 자존감은 사람을 프로페셔널로 만들어 준다.

영화 '킹스 맨'의 유명한 대사인 "Manners maketh man"이란 문장이 이 상황에 가장 잘 어울릴 것 같다. '나'는 타인의 인정이 먼저가 아니라, 내가 먼저 만들어 가는 것이다. 타인의 평가는 그 뒤에 자연스럽게 다가오는 것이다.

현재 그녀는 스스로 옷을 잘 입고 있다. 행복하게 말이다. 박스 티에 운동화만 신던 그녀가 반 개월 사이에 멋스러운 숙녀가 되었다. 자신을 입는 것이 진정한 스타일이다.

수용할 용기

"가장 흥미로운 사람들은 옷을 한결같이 못 입는 사람들이다."

장 폴 고티에 (Jean Paul Gaultier)

길거리를 걷다 보면 다양한 사람들의 옷차림새를 볼 수 있다. 그중에는 자신의 이미지가 부각 될 수 있도록 잘 입은 사람도 있고, 그렇지 않은 사람도 있다. 직업병인지 가끔 그들에게 다가가 조언을 해주고 싶은 것을 꾹 참은 적도 많다.

지난 8년간 스타일 디렉팅을 통해 만났던 옷을 잘 입는 500여 명의 사람과 스타일 컨설팅을 의뢰한 고객 500여 명의 사례를 비교했다. 이를 통해 옷을 못 입는 사람은 어떤 사람들일까 정리했다.

일단 옷을 못 입는 부류를 크게 나누면 무관심형과 관심형으로 나눌 수 있다. 무관심형은 보통 우리나라 남성들에게서 많이 보인다. 이 유형은 패션에 대한 관심 자체가 없고 쇼핑을 귀찮아하거나 좋아하지 않는다. 그렇기 때문에 이들은 옷장에 있는 옷들을 어떻게 매칭할지에 대한 고민을 하지 않는다. 게다가 헤어스타일이나 액세서리가 자신의 옷과 어울리는지를 굳이 생각하지 않는다.

대개 몸에 편한 대로 입기 때문에 사이즈 자체를 자신의 체형과 맞지 않게 입는다. 하지만 이런 무관심형은 스타일을 바꿔주기에는 조금 더 수월하다. 모르기 때문이다. 모르면서 하지 않은 것은 개선의 여지가 충분하다.

두 번째 유형은 'Too Much'형이다. 주로 자신의 패션에 대한 상당한 고집이 있는 사람들에게서 나타난다. 이 사람들은 나름 패션에 대한 신념과 고집이 상당하기 때문에 주로 컬러풀한 옷을 입거나, 시대가 이해할 수 없는 아이템도 과감하게 착용한다.

유행에 맞는 아이템이기 때문에 하나하나 뜯어서 보면 문제가 없지만 전체적으로 매치에 문제가 있는 사람이 많다. 온 몸에 원색 컬러를 5가지 이상 섞는다든지 옷과 전혀 어울리지 않는 헤어스타일이나 메이크업, 액세서리를착용하기도 한다. 이 유형의 경우 외모와 체형이 준수한 사람들이 많아서 의외의 안타까움을 느낄 때가 많다. 스타일을 바꾸기에 가장 어려운 유형이다.

자신의 패션 철학이 확고하기 때문에 다른 사람의 조언 자체를 수용하지 못한다. 아름다운 건축물이 가치와 의미를 띠는 것은 보이지 않는 설계공식이 바탕이 되었기 때문이다. 마찬가지로 보기에 좋은 스타일링에는 보이지 않는 공식이 존재한다. 한 가지 새로운 사실은 나라별로 이런 패션 테러리스트의 유형이 다르다는 것이다. 우리나라 사람들은 전체적으로 어두운 컬러를 선호한다. 주위만 살펴봐도 쉽게 찾아볼 수 있다.

소셜 미디어의 확산 덕분에 패션에 대한 관심과 이를 반영한 패션시장이 비약적으로 성장했지만 패션시장의 성장과 별개로 개개인의 스타일링 발전 속도는 소수의 패션 마니아층을 제외하고는 현저히 느린 편이다. 전체적으로 보자면 우리나라 사람들은 컬러 자체를 부담스러워 하고 소심한 스타일링을 하는 편이다.

올해 겨울 한 남성을 만났다. 그는 패션에 관심이 없는 아내를 위해 컨설팅을 요청했다. 하지만 막상 만나보니 아내보다는 본인 스타일에 대한 개선이 더 시급해 보였다. 40대 초반에 어울리지 않는 니트, 버클이 크나큰 벨트, 이질적인 로퍼, 헤어스타일, 전체적으로 부조화를 이루고 있었다. 하지만 의뢰한 사람은 아내였기에 그녀의 스타일 개선에 힘을 쏟았다.

4주 뒤, 그녀는 처음과 확연히 달라진 모습으로 남편과 내 앞에 섰고 올라간 자신감 또한 덤이었다.

그로부터 며칠 후 그에게서 전화 한 통이 걸려왔다. 요는 자신도 변하고 싶다는 것이었다. 아내가 변하고 매사에 자신감 있는 모습을 보이다 보니 자신도 그렇게 되고 싶다는 것이었다. 사실 그는 자신감이 없는 것이 아니었다. 아내를 컨설팅할 때도 스스로의 패션에 대한 자부심이 있었고 나름대로 철학이 있었다. 이런 사람들의 컨설팅은 사실 어렵다. 자신의 고집을 꺾지 않는 경우가 대부분이기 때문이다.

나는 작은 것부터 바꿔나가기로 했다. 그것은 바로 안경이다. 안경은 많은 사람들이 간과하기 쉬운 부분이다. 안경은 작지만 모양이 조금만 바뀌어도 사람의 인상을 달라지게 하는 마력이 있다. 나는 그에게 안경을 둥근 모양의 테로 바꿀 것을 요구했다. 몸의 큰 부분을 차지하지 않는 아이템이기에 그는 순순히 응했고 안경을 바꿔 쓴 모습은 한층 부드러워진 모습이었다. 그는 거울에 비친 자신의 모습을 보며 의아해 하며 말했다.

“사실 언젠가 직원들이 인상이 날카로워 보인다며 안경 한번 바꿔보라고 말했거든요. 사실 안경이 대수냐 싶어서 그냥 그대로 놔뒀습니다. 그런데 오늘 이렇게 바꿔보니 인상이 정말

나는 작은 것부터 바꿔나가기로 했다.
그것은 바로 안경이다.
안경은 많은 사람들이 간과하기 쉬운 부분이다.
안경은 작지만 모양이 조금만 바뀌어도
사람의 인상을 달라지게 하는 마력이 있다.

달라 보이네요."

그는 이 작은 변화에 대해 수용했다. 그다음은 바지, 재킷 순으로 변화를 줬다. 결론적으로 그는 10년은 젊어 보인다는 주변의 평을 들으며 행복한 삶을 살고 있다. 낯선 것은 두렵다. 그 두려움은 경험이 없기에 느끼는 것이다. 해보지 못한 것이 있다면 경험해보라. 인생은 짧다. 해보지도 못하고 사라진다면 억울하지 않겠는가.

당당해서 오히려 놀라운 그녀

해보지 않았기에 시도가 어렵다. 사람은 평상의 관성이 있어서 늘 살던 대로, 하던 대로, 먹던 대로 하려는 경향이 있다. 사랑하는 사람과 오늘 저녁 외식을 약속했는데 고민 끝에 저번 주에 갔던 음식점을 다시 간 기억이 있지 않은가? 왜 그랬는가? 선택의 귀찮음이 있을 수도 있지만 먹어보지 않았던 것을 시도하는 두려움이 클 수도 있다. 이렇듯 두려움이란 새로움과 정반대에 서는 녀석이다. 맞서자. 내일은 달라질 것이다.

만난 사람 중에 25살의 여성이 있었다. 그녀가 연락을 해온 것은 SNS에서였다. 똑 부러지고, 당당한 말투가 문자 메시지 글자 사이사이마다 스며있었다. 그녀를 만나기로 하고 약속 장소에 도착해 그녀를 기다렸다. 도착했다는 그녀의 전화를 받고 시선을 돌리니 그녀가 있었다. 그리고 그녀는 지금까지의 의뢰인들과 조금은 달랐다. 매우 비만한 몸, 어색한 걸음걸이 그리고 말하는 것에 불편을 느끼고 있었다.

마주 앉은 그녀는 자기 이야기를 꺼냈다. 몸이 불편해지며 몸무게가 100kg 밑으로 내려간 적이 없다고 했다. 오로지 입어본 옷은 운동복뿐이라고 했다. 그녀는 세상에 의해, 자신에 의해 스스로를 단절시켰고 아름다워질 권리를 제한하고 있었다. 그리고 그것으로부터 벗어나고 싶어 했다.

내가 이 직업을 업으로 삼으면서 반드시 지키는 철칙이 하나 있다. 바로 '선입견을 버린다'이다. 사람은 경험한 대로 미루어 짐작하는 버릇이 있다. 그렇기에 상황을 겪게 되면 스스로 겪었던 과거의 경험으로 미루어 짐작하고 판단하는 버릇이 있다.

나는 그것을 최대한 배제하려고 한다. 그래야만 그 사람 안에 반짝이는 보석을 찾을 수 있다. 자신의 장점이 무엇이라고 생각하는지에 대한 질문에 그녀는 거침없이 이야기했다.

"저의 가장 큰 강점은 자신감과 밝음이라고 생각해요. 사람들도 몸이 불편한대도 밝고 자신감 있는 모습이 보기 좋다고 항상 말해주거든요, 제가 생각해도 저는 정말 당당하고 자신감이 넘쳐요."

그렇게 이야기하는 순간 나도 모르게 반성을 했다. 몸이 멀쩡한 나도 세상에 섰을 때 당당하지 못하고 자신감이 없을 때가 많은데, 그녀는 나보다도 당당해 보였기 때문이다. 자신이 몸이 불편한 것에 대해 하나도 부끄러워하지도 않았다. 그리고 자신의 원하는 이미지와 어떻게 스타일을 만들고 싶은지 똑 부러지게 이야기했다. 어린 그녀가 멋있었다. 운동복을 입은 그녀가 멋있어 보였다. 온몸에 명품을 치장하고 돈 많은 남자들에게 구애를 하려는 여성들과 차원이 다른 멋스러움이었다.

자신의 현재 상황, 이미지, 체형, 상황 등과 상관없이 새로운 옷과 스타일을 받아들이고 강점을 살리는 스타일링을 할 수 있는 상태에서는 스타일 변화가 자유롭다. 그리고 스타일을 계속해서 발전해 나갈 수 있다. 또한 행복한 옷 입기를 할 수 있다. 본연의 참 매력을 살리면서 어떠한 옷이나 액세서리가 자신에게 와도 행복하게 옷을 입을 준비 태세가 된 셈이다.

그녀는 정말 예쁘게 변했다. 단단한 내면과 더불어 그녀에게 어울리는 헤어, 메이크업, 옷을 찾으니 빈틈없는 아름다운 스타일링을 할 수 있게 된 것이다.

스타일링이 끝나고 가끔 부러울 정도로 예뻐 보이는 사람들이 있다. 이러한 사람들은 나이, 연봉, 외모가 상관 없었다. 단지 마치 그 옷과 교감을 하는 듯 옷과 어우러지는 사람이었다. 그녀가 그런 사람이었다. 그녀는 내가 만났던 사람들 중에 가장 멋지고 당당한 여성이었다고 자신 있게 말할 수 있다.

오랫동안 같은 스타일을 고수하고 있는 사람들에게 이렇게 이야기해주고 싶다.

"일단 두려움의 알을 깨고 나오자. 그 한 번의 시도는 결코 헛되지 않을 것이다."

Part 3

스타일의 법칙

스타일은 전염된다

"Creativity is contagious. Pass it on."
(창조성은 전염됩니다. 전파하세요).

아인슈타인

어느 날 다소 의외인 고객을 만났다. 30대의 여성이었는데 그녀는 패션 비즈니스를 하는 사람이었다. 해외 출장을 밥 먹듯이 다니고 함께 비즈니스 하는 사람들 모두 패션업계 종사자들인데 스타일에 대한 고민이 있다고 하였다.

그녀의 고민은 타인의 패션은 조언을 잘해주고, 스타일링을 기가 막히게 하는데 정작 자신의 스타일링은 못 한다는 것이었다. 그게 가능할까? 가능한 이야기다. 타인을 볼 땐 객관적 판단이 이성으로 가능하지만 자기를 바라볼 땐 주관적으로 되기 때문이다. 자신을 객관적으로 바라볼 때 멋진 스타일링이 가능해진다.

그녀와 당면한 첫 번째 과제는 이미지 분석이었다. 자신이 회사에서 사원들보다 높은 위치에 있는데 사원들이 대부분 옷에 대해 별로 신경을 쓰지 않는다고 했다. 하지만 자신은 신경을 안 써도 사원들은 예쁘게 꾸미고 다니면 좋겠다는 마음이 항상 들었다고 한다. 하지만 직원들의 스타일을 지적하자니 자신이 완벽하게 스타일링을 하고 다니는 상태가 아니어서 신경 쓰지 않고 다니는 직원들에게 아무런 말을 하지는 못하고 속으로만 생각했다고 한다. 그러던 어느 여름날, 그녀가 여느 날과 마찬가지로 꾸미지 않고 최대한 편한 의상으로 자신의 매력을 전혀 드러내지 않은 채 유니클로 큰 박스티와 통바지에 '크록스'라고 하는 구멍이 뚫린 슬리퍼를 신고 회사에 갔는데 그다음날 온몸이 떨리듯이 놀란 것이다. 세 명의 부하직원들이 전부 유니클로 큰 흰 박스티에 통바지, 크록스를 그대로 신고 회사에 출근한 것이다. 그때 그녀는 느꼈다.
'아, 이건 뭔가 아니구나…'

이것은 대체 무슨 현상일까? 왜 세 명의 직원은 상사직원의 의상을 그대로, 비슷하게 따라 입은 것일까? 이 현상의 원인은 여러 가지가 있을 수 있지만 가장 중요한 점을 말하자면 스타일은 전염이 된다는 사실 때문이다.

학창시절 몰려다니던 단짝 중 한 명이 앞머리를 일자로 자

스타일은 전염되는 법칙을 가지고 있다.
자신이 리더이거나, 중요한 자리에 있는데 패션에는 통 관심이
없고, 자신에게 어울리는 것이 무엇인지 알지 못한다면
억지로라도 스타일에 신경을 써야할 필요가 있다.

르면 나머지 5명이 모두 똑같이 앞머리를 자른 경험이 있을 것이다. 또 드라마나 영화에서 자신이 좋아하는 연예인이 어떤 머리 스타일과 옷을 입었는데 자신도 모르는 사이에 그 연예인을 따라 하고 있는 나를 발견한 적이 있을 것이다. 이것은 바로 모방심리의 일종이다. 모방심리란 다른 사람의 동작이나 행동, 옷차림 등을 무의식적으로 따라 하고 되풀이하는 것을 말한다.

패션도 모방심리가 충분히 적용될 수 있는 것이다. [멍청한 소비자들]의 저자 범상규는 다른 사람이나 친한 사람을 따라 했을 때 사람들은 그 행동을 통해서 공감과 소속감을 느끼게 된다고 말한다. 이러한 모방심리는 친한 사람 또는 친밀감이 높은 집단일수록 더 강해질 수 있다고 한다. 제임스 파울러(James Folwer) 연구팀의 연구에 의해 흡연자가 주변에 있을 경우 자신이 담배를 피울 확률은 주변에 담배를 피우는 사람이 없을 때보다 무려 60%가 높다고 말했다.

패션이 유행하고 누군가 자신을 따라 하거나 따라 하게 되는 이유는 인간의 본능인 것이다. 이것은 무엇을 말하는가 생각해보았다. 그리고 큰 깨달음을 얻었다. 자신이 만약 한 회사의 CEO이던지, 많은 사람들이 자신을 따르고 있는 리더의 위치에 있을수록 스타일이 상당이 중요하다는 것이다. 리더가 옷을 신경을 써서 입고, 자신의 스타일을 찾으려 노력한다면 모방심리에 의해 그 밑에 있는 직원들이나 사람들이 옷을 신경 쓰게 될 것이다.

반대로 리더가 옷을 대충 입거나, 노력을 하지 않는다면 그 주변에 있는 모든 사람들의 스타일이 빠른 시간 안에 리더와 같이 변할 것이다. 결국 한 집단의 이미지와 브랜드 이미지까지 변한다. 주변 사람들이 옷을 잘 못 입거나 신경 쓰지 않고 지저분한 스타일을 유지한다면 자신의 스타일을 되돌아볼 필요가 있다.

또한 반대로 자신이 옷을 잘 입고 싶다면, 옷을 잘 입거나 패션에 관해 관심이 많은 사람, 자신을 잘 꾸밀 줄 아는 사람을 찾아보는 것도 충분한 도움이 될 수 있다. 그러한 사람이 주변에 없다면 롤 모델을 세워 자신이 잘 보는 위치에 사진을 많이 붙여놓고 자주 보는 것도 하나의 방법이 될 수 있다.

이렇게 스타일은 전염되는 법칙을 가지고 있다. 자신이 리더이거나, 중요한 자리에 있는데 패션에는 통 관심이 없고, 자신에게 어울리는 것이 무엇인지 알지 못한다면 억지로라도 스타일에 신경을 써야할 필요가 있다. 그것은 자신 또한 그룹을 위해서이다. 서비스직 리더나 외적인 부분이 중요한 직업일수록 더욱 이 부분은 적용되어야 한다. 사람들은 대부분 자신의 단점보다 다른 사람의 단점을 많이 본다. 나 또한 그렇다. 다른 사람의 단점이 보일 때가 언제인지 잘 생각해보면 그것이 나의 단점일 때가 많다. 스타일 또한 다른 사람을 지적하기 전에 자신의 스타일을 돌아보자. 스타일 전염 법칙에 따라서 주변 사람들의 스타일이 달라질 수도 있을 것이다.

하지만 스타일이 전염된다는 사실 때문에 자신이 주변에 있는 누군가나 연예인을 100% 모방하고 따라 하는 것이 무조건 좋은 것이 아니다. 아무리 스타일이 전염된다 하더라도 그 스타일을 전부 모방하면 그것은 내 것이 아닌 것이다. 모방은 창조의 어머니이기 때문에 그것을 내 것으로 바꿀 수 있어야 한다. 만약 최근 유행 트렌트가 배기바지라고 해서 배기바지를 그대로 입는다면 자신의 체형이나 비율을 더 안 좋게 보이게 할 수도 있다. 유행을 따르고 싶다면 어느 정도 따르되 그게 자신에게 어울리는 바지인지는 체크해야 한다. 그리고 자신의 체형에서 그 옷을 입기 전에 사이즈나 허벅지의 크기, 밑단의 둘레도 확인해야 한다. 만약 그 옷이 내 단점을 그대로 다 보여주는 옷이라면 아무리 유행하는 옷이라도 입지 말아야 한다.

사실 패션은 돌고 돌아서 누구나 모방을 하고 있을 수도 있다. 하지만 정말 옷을 잘 입는 사람은 모방을 모방답지 않게, 내 것으로 소화하는 사람이다. 지금 입고 있는 스타일이 누군가를 따라 하고 있다면 자신에게 질문을 던져보았으면 좋겠다. 누군가를 따라 하는 것이 나를 정말 돋보이게 해주고 있는지, 본래의 나를 감추고 있는지.

이것은 나 또한 피할 수 없는 인간의 본성이기에 아무리 스타일이 전염될 수밖에 없다는 현실 속에서도 보석 같은 나만의 스타일을 연출하겠다는 의지를 잃지 않겠다고 나 또한 다시 한 번 다짐해 본다. 또 한 가지, 모든 사람들에게 이런 의지를 전염시키겠다고!

늦은 새벽의 문자

"혹시 지금도 상담이 가능할까요?"

늦은 새벽의 문자다. 이런 경우는 빠른 시일 내 스타일의 변화가 필요할 때 찾는 연락인 경우가 많다. 3일 뒤에 아나운서 면접이 있는데 의상에 대한 고민을 하는 여성이었다. 나는 그녀의 평소 모습 사진을 몇 장 요청했다. 그녀는 그동안 모의 면접 때 입었던 옷의 사진들을 전송해왔다.

보내온 사진들의 공통점을 발견했다. 그녀가 입은 원피스와 스커트가 그녀와 안 어울린다는 것이다. 그것도 완벽히 말이다. 동행 쇼핑을 원하는 그녀에게 체형과 스타일 컨설팅을 제안했다. 남은 시간이 얼마 되지 않은 만큼 스스로를 돌아보고 판단하게 하는 것이 더 급했다.

다음 날 그녀는 곧장 나의 사무실로 찾아왔다. 새하얀 컬러의 원피스를 입고 들어온 그녀는 쇄골 아래까지 이어진 긴 머리를 하고 있었으며 여성스러움이 물씬 풍기는 사람이었다. 하지만 아나운서 같은 이미지를 찾기 어려웠다. 그녀의 강점을 묻는 말에 이렇게 답했다.

"언젠가 제가 어렸을 때 모습을 사진으로 봤는데 뭐랄까요. 굉장히 얌전한 어린이 같다고 해야 할까요? 엄마 말을 들어보니 실제로도 얌전했다고 하시더라고요. 하지만 점점 고학년이 되고 대학을 들어가면서 말이 없고 숫기가 없는 것은 친구를 사귀는데 엄청 힘들더라고요. 그래서 어느 순간부터 저는 가면을 쓰기 시작한 것 같아요. 밝은 척, 기쁜 척, 웃는 척을 하다 보니 친구들이 조금씩 생기기 시작했어요. 그렇게 대학을 졸업하고 이리저리 치이다보니 어느새 그게 저의 본 모습이라고 착각하면서 살았던 것 같아요."

나는 답했다.

"누구나 그런 가면 하나쯤은 쓰고 살아가지요. 저 또한 마찬가지입니다. 일할 때는 찔러도 피 한 방울 나오지 않을 만큼 냉정하게 상황을 바라보려고 해요. 이 직업은 단순히 옷만 추천하는 것이 아니라 선택을 하지 못하는 사람에게 때론 단

호하게, 때론 엄하게 해야 하는 순간이 오기 때문이에요. 문제는 그 가면이 굳어져 얼굴에서 떼려야 뗄 수 없을 때가 문제에요. 자신 스스로도 그 가면이 원래의 나라고 착각하기 때문이에요. 결국 그 가면은 타인의 시선을 의식한 하나의 방어 기제일 뿐이고 껍데기에 불과할 뿐이죠. 저도 하루에 수십 번씩 갈등하고 고민해요. 때론 무너지기도 하죠. 그래도 놓을 수 없는 것은 이 일이 행복하기 때문이에요. 지금 말한 내용에 답이 이미 있는 것 같아요. 본래 태어날 때부터 가지고 있던 매력과 제가 처음에 봤을 때 본 인상은 여성스러움, 차분함, 지적임, 단아함이었어요. 하지만 사람들을 의식하다 보니 일부로 밝아 보이려고 노력하고, 그러다 보니 패션도 너무 튀는 옷, 맞지 않는 과한 디자인을 시도하다 보니 자신의 본연의 매력은 전혀 살리지 못하는 것이에요. 이번 면접부터는 약점을 가리는 것보다 강점을 부각시켜 그 부분을 의식하지 못하는 것에 중점을 두세요. 제가 도와드릴게요."

내 말을 들은 그녀가 눈물을 보였다. 그동안 스스로를 몰랐던, 아니 몰라 줬던 자신에게 미안하다며 눈물을 흘렸다. 이미지 자체를 살리는 것이 정답일 때가 있다. 그것으로 인해 스스로 선택했을 때 두려움을 깨고 자신에게 맞는 스타일을 찾을 수 있다. 결국 선택은 본인의 몫이다.

프로그램을 통해 그녀에게 어울리는 색과 얼굴형에 맞는 헤어스타일, 체형에 맞는 아나운서 복장 등을 코디해 주었다. 결국 그녀는 스스로의 선택으로 긴 머리를 단발로 잘랐고 염색을 통해 본연의 이미지를 부각시키고자 했다. 면접 하루 전 나는 그녀와 액세서리를 고르기 위해 만났다. 모든 스타일링이 끝나고 그녀를 바라보니 그곳엔 다른 사람이 서 있었다. 컨설팅 후 얼마간의 날들이 지나고 그녀에게서 장문의 메시지가 도착했다.

"안녕하세요, 우선 너무 감사하다는 말씀부터 드립니다. 마음이 치유가 됐거든요. 그동안 저는 약점을 보완하는 것에만 집중을 했었어요. 그런데 선생님과 네 시간의 컨설팅을 통해서 인생 전반의 제 자신을 돌아보게 되었어요. 아니라고 우겼을 뿐 제 안의 콤플렉스가 있음을 인정하게 되었어요. 나를 사랑한다고 생각하면서 살아왔는데 아니었더라고요. 진짜 제 모습이 아니라 남이 좋아할 모습, 남에게 약점 잡히지 않을 모습에 묶여있었어요. 강점을 강화하는 것 자체로 약점이 보완되는 사례들을 들어주시며 확신을 주시니 의심이 많은 저조차도 완전히 믿게 되었어요. 이미지를 억지로 만들어 주시는 게 아니라 나 자신을 발견하고 키울 수 있도록 방향을 제시해 주시니까요. 퍼스널 컬러뿐만 아니라 골격, 체형까지 정확한 수치로 측정해주신 후 내 본연의 이미지를 생각할 수 있게 해주셔서 정말 감사해요. 컨설팅 내내 눈물이 날 것 같았는데 참았어요. 선생님은 사람 자체의 따스함이 있으신 분이신 것 같아요. 전문가라고 우월감을 가지고 지적하는 게 아니라 방향을 제시해주셔서 진짜 진심으로 고마워서 감동, 또 감동했습니다. 컨설팅 후에 동행쇼핑까지 받으면서 말씀해 주신대로 바꾸니 주변 사람들의 눈길이 달라지는 것을 느꼈어요. 가장 중요한 것은 자신을 사랑하게 되었어요. 그러니 하루하루가 만족스럽고 행복하고 재미있어요. 이런 컨설팅 서비스가 더 많은 사람들에게 알려지면 제가 꿈꾸는 획일화되지 않고 개성을 존중하는 사회가 조금 더 빨리 올 수도 있을 것 같다는 거창한 생각까지 드네요. 정말 감사합니다. 선생님."

옷과 친해지는 법

서점은 나에게 일종의 보물 창고다. 패션 파트에 놓여 있는 잡지를 보면 한 장 한 장의 보물 창고 같단 생각이 든다. 새로운 트렌드를 보고, 그들이 써놓은 기사를 읽어 내려가는 것만으로도 충분한 공부가 된다.

사무실로 돌아오면 노트북을 열고 즐겨찾기 된 수십 개의 사이트에 접속해 신상 옷을 체크한다. 주말에는 관심 있는 매장에 들러 실제 피팅(fitting)을 해본다. 이 모든 것이 나에겐 하나의 '놀이'다. 난 그렇게 '패션'과 한 걸음 더 친해진다.

무언가와 친해지는 가장 좋은 방법은 자주 접하는 것이다. 대부분의 사람들이 잘 입지 못하는 이유는 재능이 없어서가 아니라 자주 접하지 않아서이다. 자주 접하지 않았기에 스스로가 위축되는 것이다. 스타일링은 재능이 아니라 반복적인 경험으로 성숙해진다.

패션의 현주소를 파악하기 위해서
컬렉션을 보는 것은 매우 도움이 된다.

언젠가 패션업에서 잠시 멀어진 적이 있다. 반년 동안 이쪽 일을 일절 하지 않았지만, 마음 한구석에서는 '어차피 하던 일이고 난 감각도 있으니 금방 감을 찾을 거야'라고 생각하고 마음껏 외유했다. 6개월 후 난 너무도 변해버린 패션 트렌드와 유행에 깜짝 놀랐다. 그리고 그 감각을 찾는 데에는 적지 않은 시간이 걸렸다. 명심하라. 지속보다 뛰어난 것은 없다. 독자들과 함께 패션 감각을 유지할 수 있는 팁을 몇 가지 공유하고자 한다.

첫째, 유명한 브랜드의 온라인 쇼핑몰에 자주 접속하는 것이다. 그곳엔 전 세계 패션 디자인을 선도하는 이미지들을 확인할 수 있다. 검색창에 '컬렉션'만 검색해도 그해 쏟아지는 수천수만 벌의 옷과 스타일링의 세계를 들여다 볼 수 있다.

세계적인 디자이너들의 스타일링은 단연 퀄리티가 높다. 그들의 디자인 감각이 그해 세계의 패션을 주도한다. 거장들의 작품이 물길을 만들고 그 길을 따라 샛강이 전 세계로 퍼져나간다. 패션의 현주소를 파악하기 위해서 컬렉션을 보는 것은 매우 도움이 된다. 컬렉션을 분석하며 아우터랑 팬츠 컬러매치는 어떻게 했는지, 이 원피스에는 왜 이 가방을 들었는지 유심히 살펴본다.

참고하고 싶거나 시도해보고 싶은 것은 꼭 핸드폰에 저장해 둔다. 그리고 눈으로 보고, 머릿속으로 상상한다. 정말 마음에 드는 스타일링은 잘 보이는 곳에 붙여 두기도 한다. 이렇게 10년을 보니 전 세계 패션의 흐름과 스타일의 공식들이 보인다.

둘째, 공구를 금하는 것이다. 공동구매로 구매한 옷들은 싸고 쉬운 반면에 치명적인 단점이 있다. 바로 구매자가 제시하는 옷들만 입을 수 있다는 것이다. 서로가 똑같이 입으며 만족을 하는 것이 공동구매이다. 물론 그것이 나쁘다는 말은 아니다. 다만 패션의 획일화를 가속화시킬 수 있다는 말이다.

스타일을 바꾸고, 세련된 스타일링을 하고 싶다면 지금 자신이 보는 그곳부터 보지 말아야 한다. 자신만의 스타일을 찾기 위해서는 한 사람의 패션을 찍어서 그대로 복사하듯 입는 태도에서 벗어나야 한다.

만약 지금까지 아무것도 보지 않았다면 보는 것을 시작해야 한다. 거장들의 작품들을 자주 접하고 패션 잡지를 열어라. 쌓인 이미지는 나를 배신하지 않는다.

옷을 잘 입는 사람들은 자신만의 법칙이 있다

패션 콘셉트와 스타일링 방법은 무수히 많다. 모든 패션과 스타일링 방법을 다 공략할 수만 있다면 금상첨화이지만 모든 스타일링을 적용하기엔 버겁다. 그렇다면 가장 효율적으로 나만의 스타일을 만들려면 어떻게 해야 할까? 옷을 잘 입는 사람들의 공통점을 파악한다면 쉽게 해답을 찾을 수가 있다.

독특함으로 세계를 홀린 여자, 마릴린 먼로, 그녀는 어떻게 세계에서 가장 섹시하고 파격적인 여성으로 각인되었을까? 자세히 들여다보면 그녀는 자신만의 스타일이 있다. 섹시함이 묻어나는 금발의 곱슬머리, 누구나 유혹할 수 있을 것 같은 붉은 입술, 몸매 선이 드러나는 디자인의 의상들, 마릴린 먼로의 스타일은 자신만의 콘셉트가 뚜렷하며 한 가지 스타일을 반복하고 있다는 것을 발견할 수 있다. 평소에도 항상 드레스를 입는 것은 아니지만 어떠한 옷을 입더라도 한가지의 콘셉트를 말하고 있다는 것이다.

특히 마를린 먼로가 잘하는 것은 자신의 몸의 핏을 잘 살린다는 것이다. 선택한 의상마다 자신의 몸매가 가장 아름다워 보이는 디자인을 선택한다. 매력적이다. 마를린 먼로의 사례만 보아도 스타일 법칙을 가지고 있으면 사람들에게 쉽게 각인 된다는 것을 알 수 있다.

또 하나의 사례를 소개하면 패션의 아버지라고도 불리는 윈저 공이다. 윈저 공은 1936년 1월부터 영국 왕위에 있었던 에드워드 8세이다. 사랑 때문에 왕위를 포기한 사람으로도 유명하지만 자신만의 스타일 철학이 확고한 사람으로도 이름을 날린 사람이다. 현재까지 유행하는 기본적이고 깔끔한 패션과 산업노동자들이 입던 니트를 셔츠와 같이 입는 스타일을 시도한 사람이다. 당시 사람들 사이에서 이렇게 입는 것은 상상할 수 없었지만 그는 자신만의 스타일을 만들었고 오늘날 남성들이 즐겨 입는 셔츠에 니트를 레이어드 해서 입는 방식의 창시자가 되었다.

또한 그가 가장 즐겨했던 것은 타이패션이다. 누구보다 타이를 사랑했고 타이를 자주 착용했다. 키가 작아서 타이를 통해 자신의 결점을 커버했다고 한다. 결국 넥타이 매듭 법 중

마를린 먼로의 사례만 보아도
자신만의 법칙을 가지고 있으면 사람들에게
쉽게 각인 된다는 것을 알 수 있다.

윈저 공이 자주 매던 스타일의 윈저노트라는 매듭 법까지 생기게 되었다. 누군가를 따라 하거나 여러 가지 스타일을 시도하지는 않았지만 자신만의 패션 철학으로 많은 사람들에게 영향력을 발휘한 사람들은 한 가지를 공략한다. 그리고 잘하는 스타일링을 반복한다. 옷을 잘 입고 싶다면 한 가지를 공략하는 것이 좋다. 모든 스타일링을 잘할 수는 없지만 내가 자꾸 손이 가고, 내가 잘할 수 있는 것을 더 반복해서 계발하는 것이 좋다.

유독 자신에게 어울리는 액세서리나 가방 등 아이템을 기가 막히게 잘 고르는 사람이 있다. 옷은 심플한데 아이템을 보면 그 사람의 내면이 보이고 그 사람이 얼마나 특별한 사람인지 잘 알 수 있다. 이런 사람은 자신만의 색깔이 묻어나는 아이템을 더욱더 많이 구비하면 좋다. 특이한 아이템, 한 번도 보지 못한 아이템, 자신만의 색깔이 묻어나는 아이템을 찾으면 좋다. 옷은 평범하다 할지라도 아이템 매치를 잘하면 스타일리시해 보인다. 그렇기 때문에 오히려 아이템을 강조해도 좋다.

마릴린 먼로처럼 유난히 핏을 잘 살리는 사람이 있다. 옷은 항상 무난하지만 핏 하나는 어딜 가도 빠지지 않는다. 나에게 어울리는 기장감이 어디까지인지 안다. 더블재킷이 핏이 좋은지 싱글재킷이 핏이 좋은지 구별이 가는 것이다. 이러한 사

키가 작아서 타이를 통해 자신의 결점을 커버했다고 한다.
결국 넥타이 매듭 법 중 윈저 공이 자주 매던 스타일의
윈저노트라는 매듭 법까지 생기게 되었다.

람은 핏을 잘 살리는 것에 능숙하다. 이런 사람들은 이 부분만 더욱 강조하면 스타일리시해 보인다.

또 무엇이 있을까? 컬러매치가 있을 수 있다. 디자인은 단순한데 특이한 컬러끼리 매치할 수 있다면? 그것 또한 자신을 각인시키는 하나의 도구가 된다. 세계에서 가장 옷 잘 입는 남자로 유명한 뮤지션 마크 론슨(Mark Ronson, DJ, 작곡가)은 컬러매치를 잘하기로 유명하다. 대체로 원색이나 형광색의 옷을 좋아한다. 셔츠, 타이, 재킷, 구두를 모두 같은 컬러의 핫핑크로 매치해도 이상하지 않다. 남성들이 잘 시도하지 못하는 형광색이나 밝은 원색의 컬러들을 블랙 기본 재킷 안에도 자신감 있게 입는다. 그가 입은 스타일 사진들을 보면 하나하나 컬러 감각이 뛰어난 것을 알 수 있다.

컬러만큼 중요한 소재를 잘 선택하는 사람도 있다. 싼 걸 구매하더라도 비싸 보이는 소재를 고르는 능력, 이것도 자신의 스타일 철학으로 만들 수 있다.

스타일링에서 가장 자신 있는 점이 무엇인가? 트렌드에 맞는 옷을 잘 고르는가? 여성스러운 스타일은 누구보다 자신이 있는가? 이러한 스타일링 방법 중 한 가지만 잘 해도 된다. 소재부터 컬러, 디자인, 어울리는 헤어 메이크업까지 잘 알고 있다면 스타일 고민 자체가 없을 것이다. 하지만 지금 스타일 때문에 고민이 있다면 한 가지를 공략해보자는 것이다.

자신이 즐겁게 할 수 있는 것을 골라야 한다. 한 가지를 골랐다면 쭉 밀고 나가야 한다. 마를린 먼로처럼 말이다. 마를린 먼로는 자신만의 확고한 스타일 철학으로 핏감을 살리는 섹시미를 강조한 스타일을 평생 밀고 나갔다. 갑자기 중간에 귀여운 스타일로 바꾸지 않았다는 것이다.

옷을 못 입는 사람들은 어떨까? 이 부류의 사람들은 대부분 자신만의 철학이 없다. 공통적으로 사회적인 분위기나 주변의 환경에 맞춰서 무난하게 입거나, 남들에게 튀지 않는 범위 안에서의 컬러로 마치 입을 맞춘 듯 비슷한 컬러를 활용한다. 자신만의 스타일 철학이 있다는 것 자체를 부담스러워 하기도 한다.

나만의 스타일 철학이 전혀 없다면? 한 가지만 정해보자. 누구보다 액세서리 매치를 잘하는 사람, 누구보다 컬러 감각이 뛰어난 사람, 누구보다 시크하게 잘 입는 사람, 누구보다 레이어드를 잘하는 사람 등 말이다. 한 우물을 파기 시작하면 새로운 반응이 올 것이다. 만나지 못한 새로운 사람들을 만나게 된다. 새로운 피드백을 듣게 된다. 그 자체가 나를 더욱 발전시키도록 만든다. 다른 영역의 스타일링도 관심을 갖기 시작하게 만든다는 것이다.

- 나는 액세서리가 항상 잘 어울린다는 칭찬을 듣는다 ☐.

- 컬러 감각이 좋다는 소리를 들은 적이 있다 □.
- 트렌트를 분석하고 잡지를 보는 것이 즐겁다 □.
- 똑같은 가격에도 질 좋아 보이는 소재를 잘 고른다 □.
- 이너를 입으면 그 이너에 어떤 아우터를 입어야 예쁜지를 잘 안다 □.
- 심플하게 잘 입는다 □.
- 나는 화려하고 고급스러운 게 잘 어울린다 □.
- 트렌드와 관계없이 클래식하게 입는 법을 안다 □.
- 옷에 어울리는 가방, 구두를 잘 고른다 □.
- 항상 가방, 신발이 멋있다는 이야기를 듣는다 □.
- 누구보다 깔끔하고 단정하게 잘 입는다 □.
- 그 외 나만의 스타일 법칙은?

위의 11가지 질문에서 체크되는 항목이 있는지 알아보자. 내가 무엇을 잘했는지. 어떤 스타일을 계속 반복했는지 생각해보면 나만의 스타일 법칙을 쉽게 만들 수 있다. 앞에서 이야기했듯이 반복은 무서운 효과를 가져온다. 나만의 스타일 법칙을 사용하여 몇 년 동안 반복하면 하나의 브랜드를 만들게 된다. 나 하면 떠오는 강렬한 이미지, 그 이미지가 브랜드가 되어 당신의 인생을 바꾼다.

스타일을 발전시키기 위해서 찾아왔던 20대 여성이 있었다. 그 여성의 직업은 항공정비사이었다. 여자 항공정비사? 처음 직업을 들었을 때 그녀에게 참 잘 어울린다고 느꼈다. 항공정비사라면 정말 꼼꼼하고 똑똑하면서, 남성다운 면모가 있어야 할 것 같다. 그녀는 그러한 털털함과 똑똑함이 첫 인상에서도 묻어났기 때문이다. 그녀는 평범한 다른 여성들과는 조금 달랐다. 그녀는 여성스러운 스타일은 죽어도 싫다고 말했다. 캐주얼하고 매니시(mannish)한 스타일이 좋다고 말했다. 치마는 상상할 수조차 없다고 했다. 누구나 치마를 입어야 할까? 전혀 아니다. 내면에서 치마를 원하지도 않는데 치마를 입는 것은 마치 내가 가장 보이고 싶지 않는 모습으로 다른 사람들에게 억지로 끌려가는 기분일 것이다.

그녀는 오히려 자신만의 스타일 철학이 확고했다. "저는 캐주얼이 좋고요, 편한 게 좋아요. 여성스러운 건 질색이에요." 그녀가 가장 잘 하는 것은 매니시하면서도 스타일리시해 보이는 듯한 패션이었다. 주로 신발이나 위트있는 컬러의 양말로 포인트를 주고 있었다. 좀 더 스타일을 발전시키고 싶어서 왔다는 그녀는 처음부터 스타일 철학이 확고했기 때문에 굉장히 강렬하게 기억되었다. 나는 그런 그녀에게 한 가지 제안을 했다.

"소리님이 잘 하시는 스타일을 더 살리기 위해서 헤어스타일도 살짝 숏컷으로 하시면 어떨까요?"

"어울릴까요?"

"얼굴형이 계란형이라서 어떤 디자인도 잘 어울리지만 지금 헤어가 소리님의 스타일 철학을 반영하지는 못하는 것 같아요. 숏컷으로 자르시면 오히려 특별한 느낌이 들 것 같네요."

"생각 좀 해볼게요."

한 달 뒤쯤 그녀에게 연락이 왔다. 숏컷으로 자른 사진과 함께 말이다. 사진을 보고 난 깜짝 놀랐다. 역시나 잘 어울렸기 때문이다. 그녀의 계란형 얼굴은 숏컷을 하니 더 빛나는 듯 보였다.

"머리 너무 잘 잘라 주셨어요." 그녀가 말했다.

"정말 예쁘네요. 마음에 드세요?"

"네 너무 마음에 들어요. 머리 감고 자를 땐 너무 많이 자르는 것 같아서 두려웠는데 다 하고 보니까 마음에 들어서 놀랐어요."

"이제야 얼굴 윤곽이 잘 보이고 훨씬 예뻐 보여요."

"맞아요. 진짜 전 앞으로 머리 기르면 안 될 것 같아요! 너무 맘에 들거든요. 도전하게 해주셔서 정말 감사합니다."

그녀의 말투는 문자 창을 넘어 힘이 넘쳤다. 그 이후 그녀는 자신에게 어울리는 의상도 빨리 고르고 싶다고 말했다. 주저하고 도전할까 고민했던 그녀였지만 새로운 스타일을 접한 후 헤어스타일 또한 자신에게 가장 잘 어울리는 것을 해야 한다는 것을 깨달았다고 한다. 누구보다 기억이 강하게 남은 그녀가 가장 잘 하는 것은 중성적이고 매니시한 패션이다.

나는 이 범위가 깨지지 않는 선에서 지금도 그녀의 쇼핑과 코디를 도와주고 있다. 그녀의 스타일철학이 더 확고하게 자리 잡도록 말이다. 그녀는 그 이후로 계속 짧은 숏컷을 유지하고 있다. 20년 이상 유지했던 긴 머리를 하지 않고 말이다. 숏컷 자체가 자신의 스타일 법칙으로 자리 잡은 것이다. 오랜 기간 동안 유지했던 긴 머리이지만 자신만의 스타일로 자리 잡지 못했다. 하지만 나를 만나 하루 만에 자신만의 스타일을 찾은 후에는 더 이상 고민이 필요 없게 되었다. 그녀의 강력한 스타일 법칙이 생긴 후 그녀는 더 이상 헤어스타일에 대한 고민이 사라졌다고 한다. 앞으로도 그 법칙을 유지할 것이라고 말했다. 그녀의 스타일 자체가 되어버린 것 같다. 행복해진 그녀는 나에게 말했다. "이제 헤어스타일만은 정말 자신 있어요. 누가 뭐라고 해도 저는 이 헤어를 고집할 거예요. 그게 제 스타일이니까요."

기본으로 돌아가자. 내가 무엇을 입을 때 행복한지 말이다.

내가 좋아하는 것을 하는 것이 모든 인생의 답인 것 같다. 하나의 패션을 파는 것, 참 지혜로운 방법이다. 나 또한 한 우물을 파는 편이다. 나는 죽어도 평범한 것은 싫다. 그렇다고 해서 어디서나 눈에 띌 만큼 특이하고 괴상한 패션을 입는 것은 아니지만 무언가 다른 것이 항상 좋았다. 소재가 다르거나, 컬러감이 유니크하거나, 옷 자체가 베이직하더라도 디테일이 약간 다르거나 말이다.

이러한 것들은 나의 내면하고 비슷한 것 같다. 평범한 것보단 무언가 다름을 좋아하는 나의 내면의 강점하고도 연결이 되어있다. 이렇게 심플한 옷을 입더라도 살짝 다름이라는 재미를 주었다. 이 자체가 내 스타일이 되었고 어딜 가서나 스타일리시하다는 소리를 듣게 되었다. 고집은 좋은 것이다. 그 고집이 자신에게 솔직하다면, 행복하다면 말이다. 지금 나는 몇 개의 우물을 파고 있는가?

그냥 난 '그냥'이라 말해

"'난 못 해'라는 말은 아무것도 이루지 못하지만, '해 볼 거야'라는 말은 기적을 만들어 낸다."

조지 P. 번햄

"그냥."

질문을 받았을 때 답을 '그냥'이라고 하는 경우가 많다. 생각해보자. 그냥이 정말 '그냥'일까? 모든 것에는 이유가 있다. 원인이 있으면, 반드시 결과가 있다. 내가 그것을 행하기까지 이유가 있는 것이다.

하지만 사람들이 간과하는 것은 아주 사소해서, 너무 간단해서 설명할 필요나 가치가 없다고 판단 될 때 '그냥'이라는 두 음절로 축약해서 말한다는 것이다.

행동의 결과를 받았을 때 생각해보라. 내가 왜 이런 행동을 하게 되었는지를. 말과 마음은 하나로 연결되어 있다. 그렇기 때문에 의도적으로 이루고자 하는 말을 하면 마음이 바뀔 수 있다. 많은 책을 보면 "비전을 가시화하라"라는 말을 볼 수 있다. 나는 이 말을 좋아한다. 내 꿈을 실제 눈으로 보는 것, 말하는 것은 그 꿈에 더 빠르게 다가갈 수 있기 때문이다.

스타일 변화를 위해 찾아오는 사람들 중에 이런 말을 입버릇처럼 하는 사람이 있다. "저는 옷을 못 입어요. 저는 이 옷을 입을 자신이 없어요. 저는 무엇이 잘 어울리는지 모르겠어요"라고 말이다. 정말 자신이 옷을 못 입는다고 생각하게 된 근본적인 원인이 무엇일까? 그러한 믿음은 어디에서 왔을까? 남들의 말? 거울 속의 나의 모습? 사람마다 다 다르겠지만 대부분 왜곡된 믿음이 어디로부턴가 생겨 그것을 입버릇처럼 계속 내뱉었을 것이다.

한 여성이 나를 찾아왔다. 매력적인 여성이었고 옷 스타일이 깔끔했다. 하지만 어딘가 모르게 낯빛이 어두웠다. 그녀가 꺼내 놓은 이야기에 놀랐다. 그녀 스스로가 자신을 못생겼다고 말했기 때문이다. 그녀와 자세히 대화를 나누다 보니 그녀에게 특징을 하나 발견할 수 있었다. 그녀가 하는 모든 말은 부정적이라는 것이었다. 자신은 무엇을 해도 잘 되지 않고, 할 수 없다는 말뿐이었다.

이런 내담자의 경우 처방전은 단 하나다. 칭찬이다. 그녀가 나를 만나러 올 때마다 그녀가 얼마나 매력적인 여성인지를 계속 말해주었다. 자세하게 말해주었다. 그리고 그녀의 매력을 살리기 위해서 어떤 옷을 입고, 어떤 색의 액세서리를 해야 하는지, 어떤 컬러로 머리를 염색해야 하는지를 알려주었다.

다른 사람들에 비해 그녀는 실행속도가 느리긴 했다. 제안을 해도 쉽게 도전하지 못하는 모습을 보였다. 두려움이 많아 보였다. 자신은 스타일에 대해서 성공한 경험이 없다고 했다. 하지만 나는 계속 시도하라고 했다. 할 수 있다고 말했다. 나의 응원에 힘입어 그녀는 스타일을 조금씩 바꾸어 나갔다. 머리 컬러를 그녀에게 어울리는 블랙으로 바꾸고 연한 립컬러를 진한 핑크계열로 바꾸었다. 깔끔하고 중성적인 의상에서 여성미가 있고 디테일이 들어간 화려한 옷을 입기 시작했다. 이렇게 며칠이 지났을 즈음, 신기하게 그녀의 부정적인 말들이 줄어들기 시작했다. 그리고 그녀는 이렇게 말했다.

"저한테도 잘 어울리네요."

그 말을 듣는 순간 가슴이 두근거리기 시작했다. 남들이 보기엔 별거 아닌 말이었지만 이 말은 작은 변화의 시작을 알리는 표시이기 때문이다. 이제 그녀는 스스로 변화의 중심에 섰다. 그녀가 다른 옷을 입은 자신의 모습을 매우 유심히 본다. 뒤태도 살펴보고 옆태도 보고 계속 본다. 보고 싶은가 보다. 나도 하염없이 거울 속의 나를 보고 싶을 때가 있다. 그 자체가 즐거울 때가 있다. 그때는 정말 내가 예뻐 보이는 거다. 그 마음을 알기에 내 입가에는 미소가 번졌다. 한 템포 쉬어가도 될 것 같았다. 그녀의 변신은 새로운 시작이었다. 앞으로도 꾸준히 자신에게 긍정적인 말을 해주어야 한다는 것을 그녀는 알고 있다. 중간에 많은 시련이 있을 수도 있지만 끝까지 자신을 믿어주고 인내를 해야 한다. 그래야만 스타일도 발전한다.

「인생은 말하는 대로 된다」의 저자 사토 도미오는 "결국 인생은 말하는 대로 된다. 사람들이 무심코 사용하다가 입버릇이 되어버린 말들이 셀프 이미지를 형성하고, 결국엔 인생도 입버릇대로 만들어진다. 어떤 경우에나 긍정적으로 말하는 사람들은 인생도 술술 풀리지만 사소한 일에도 부정적으로 말하는 사람들은 고전만 거듭하는 인생을 살게 된다. 즉, 인생은 말하는 대로 된다는 것이다"라고 말했다.

안 되는 것은 누구에게나 존재한다. 하지만 완전히 포기하지는 말자. 지금부터, 쓰러져도 다시 한 번 일어나서 나에게 긍정적인 응원의 한마디를 해주자. 그리고 내 옆에 있는 사람에게도 좋은 말을 하자. 좋은 말은 반드시 나에게 보석이 되어 돌아올 것이다. 그런 의미에서 말해본다.

"당신, 정말 멋있는 사람입니다. 당신의 스타일은 정말 빛이 납니다."

듣는 대로, 간직해야 할 말

말은 마음에 남는다. 누군가로부터 "정말 스타일이 좋네요"라는 말을 듣는다면 기분이 좋을 것이다. 아마도 더 좋아지기 위해 노력할지도 모른다. 타인의 인정은 나의 인정의 욕구를 채웠기 때문이다. 지금 나에게, 다른 누군가에게 칭찬을 해주자. 칭찬은 적금 같은 것이어서 나에게 더 큰 칭찬으로 돌아온다.

남들의 부정적 평가에 대해 매일 스트레스를 받는다는 한 여성이 있었다. 그녀는 자신의 스타일에 대해 매우 자신이 없었다. 주변 사람들의 반복된 부정적 평가에 자존감이 떨어질 대로 떨어진 상태였다.

나는 그녀에게 듣지 말 것을 요청했다. 즉, 타인이 자신의 스타일에 무슨 평가를 내려도 무시할 것을 요구했다. 그리고 내 말만 들을 것을 강조했다. 강하게 말하는 내 태도에 그녀도 고개를 끄덕였다. 그녀와 지켜야할 몇 가지를 알려주었다.

1. 옷을 입은 후 그 누구에게도 옷에 대한 평가를 묻지 않을 것
2. 무시할 것
3. 무시한 것을 무시할 것

스타일은 일종의 자기 확신이다. 타인의 평가에 흔들리지 않는 마음이 무엇보다 중요하다. 입음으로써 내가 브랜드가 되는 것이 아니라 내가 브랜드이기에 스타일이 사는 것이다.

나와 약속을 하고 스타일을 바꾸던 중 그녀는 한 모임에 나갔다고 한다. 그 자리는 남자친구의 회사 사장님이 있는 자리였는데 여자 친구 스타일이 너무 단아하고 아나운서 이미지 같다는 말을 했다고 한다. 예전에 그녀가 들었던 말과 정반대되는 말이었다. 그녀는 나에게 너무 놀랐다며 메시지를 보냈다.

나는 그때 그녀에게 다음 과제를 내줬다. '칭찬을 기록할 것.' 우리가 자존감을 높이고 그 자존감으로 자신의 외면까지 당당하게 연출할 수 있으려면 어떤 말을 듣고, 그 말을 어떻게 처리해야 할까? 들은 모든 것을 간직해서는 안 된다. 간직해야 할 말이 있다. 바로 당신에 대해 긍정적으로 이야기해주는 칭찬을 적는 것이다.

칭찬은 고래를 춤추게 만든다. 칭찬에는 힘이 있다. 사람을 변화하게 만든다. 생각보다 나에게 들리는 칭찬은 쉽게 잊어버리고 부정적인 말만 듣고 기억하는 사람들이 많다. 잘못된 방법이다.

그녀는 계속 긍정적인 말을 듣기 시작했다. 더 예쁘게 꾸몄을 때, 자기의 장점에 대해 구체적으로 말해주는 사람들의 이야기를 듣고 간직하기 시작했다. 핸드폰 메모에 자세히 적기 시작한 것이다. 그 말을 해준 사람, 날짜, 내용 순으로 말이다. 그녀의 핸드폰에 긍정적인 말들이 쌓이기 시작했다. 신기하게도 한 달 뒤에 그녀에게 연락이 왔다.

"정말 신기해요. 선생님이 처음에 말씀해 주신대로 사람들이 계속 말해주기 시작했어요. '아나운서 같다. 단아하다. 여성스럽다. 고급스럽다'라는 말들이 중복해서 들리기 시작했어요."

나는 그녀에게 말해줬다.

"칭찬을 들으니 저도 기분이 좋습니다. 그게 바로 ○○님이 가지고 있는 매력이에요. 그동안 너무 부정적인 말만 들어서 그것에 가려져 있었을 뿐이지, 지금이 원래 모습이에요. 정말 들어야할 말을 들으니 진짜 모습이 나온 겁니다.”

얼마 뒤 그녀는 화장품을 선물해왔다. 선물의 의미를 넘어 그녀가 나를 생각하면서 나에게 어울릴 화장품과 그것의 색깔 등을 염두에 두며 골랐을 것을 생각하니 그녀의 변화가 기뻤다.

듣는 것은 중요하다. 간직해야 할 말을 듣고 적어놓으면 스타일에 자신감이 붙는 것 외에도 좋은 점이 있다. 위의 사례의 그녀처럼 자신의 장점이 무엇인지 파악할 수 있게 되는 것이다. 만약 허리가 가늘다는 칭찬을 항상 받는 사람이 있다면 그 사람은 허리가 가는 것이 남들이 보았을 때 정말 장점이라는 것이다. 그렇다면 허리를 더욱 강조하는 옷을 입을 것이다. 남들의 말을 귀 기울여 잘 들어보고 떠올려보면 내 신체의 장점, 내 외모의 매력 포인트를 쉽게 발견할 수 있다. 그 부분은 나의 강점이기에 더 계발하고 돋보이게 만들면 된다. 당신이 간직해야 할 말을 잊고 있지는 않았는가? 지금이라도 떠오르는 그 사람의 한마디가 있다면 적어보자, 그 안에 스타일의 해결점이 숨어 있다.

실천해보기

1. 내가 간직해야 할 스타일 칭찬

-

-

-

2. 중복되는 칭찬은 무엇인가?

-

-

-

3. 들었던 말을 통해 알게 된 나의 장점

-

-

-

4. 장점을 어떻게 스타일로 더 돋보이게 할 것인가? (옷이나 액세서리, 컬러를 활용해서)

-

-

-

패션을 나누다

"배움의 가장 멋진 점은 아무도 그것을 당신에게서 빼앗아 가지 않는다는 것이다."

비비 킹(B.B. King)

퍼스널 스타일리스트로 살면서 지금까지 수많은 사람을 만나왔다. 기업 CEO, 대학교수, 사업가, 취업준비생, 주부, 예술가 등 그들의 직업은 패션만큼이나 다양했다.

나는 그들이 변화된 패션으로 인해 일상생활이나 비즈니스에서 활력을 되찾은 것을 보면 희열을 느낀다. 이 일은 단순히 한 사람의 옷을 바꿔주는 것이 아닌 그 사람의 자존감을 높이는 일이라 자부한다.

하지만 이 패션이라는 것이 '하지 않던 것을 하는 것'이기 때문에 변화의 관성이 오래 가기 어려운 부분이 존재했다. 난 그것이 가장 큰 고민이었다.

짧은 시간 안에 자신이 스타일에 대해 익히고 어느 정도 독립한 사람도 있기는 하다. 마치 다이어트에 쉽게 성공한 사람처럼 말이다. 다이어트를 짧은 기간에 성공하고 쉽게 유지하는 사람도 있다. 하지만 다이어트의 독은 요요현상이다. 체중은 원래 자신의 몸을 기억하여 돌아간다. 그래서 운동을 갑자기 하지 않거나 식이요법을 중단하면 원래의 몸으로 돌아간다. 간혹 다이어트를 하기 전보다 더 살이 찌는 사람들도 있다.

예를 들어 3달 동안 다이어트를 했다면 적어도 3배의 기간, 9개월 이상의 유지기간이 필요하다. 나 또한 다이어트를 많이 해봤기 때문에 잘 알고 있다. 다이어트보다 중요한 것은 유지기간이다. 하지만 유지하는 것이 얼마나 힘들고 괴로운 일인지는 해본 사람만 안다. 다이어트는 일정기간 동안 사람의 몸의 한 부분을 변경하고 교정하는 일이기에 변화보다 유지가 더 중요하다.

스타일링도 마찬가지이다. 대부분 몇십 년 동안 자신이 고수해온 스타일을 가지고 있다. 이것을 유지하기 위해서는 단호한 의지와 노력이 필요하다. 서비스의 한계를 느낀 것도 이런 부분 때문이었다. 유지기간이 필요한 사람들이 나를 떠나 스스로 스타일에 독립하기 위해서는 이 사실에 대한 깨달음이 필요했다. 자신의 변한 모습이 다시 돌아갈 수도 있다는 사실 말이다. 하지만 사람들의 대부분은 만족하게 되면 서비스를 바로 중단했다. 한 번도 패션을 배우지 않고 스스로 공부한 적이 없는 사람들이 나에게 스타일 코칭을 받았다고 해서 유지가 100% 된다는 보장은 없다.

이 점을 어떻게 하면 해결할 수 있을까, 깊은 고민에 빠졌다. 서비스를 중단하면 요요 현상처럼 예전의 모습으로 돌아가는 것을 원치 않았다. 나를 만난 사람들은 스스로 옷을 잘 입게 되기를 바랐다. 그렇기 때문에 나는 이익만을 위한 일을 하지 않기로 결심했다. 스타일 서비스의 연장선으로 스타일링 노하우를 알려주는 유지 수업을 만들기로 정했다. 노하우로 스타일링을 스스로 유지하는 방법을 모두 공개한다면 결국은 서비스를 계속 받을 사람들도 스타일링을 쉽게 배울 수 있기에, 어쩌면 더 이상 나를 찾지 않을 수 있었다. 하지만 내가 진정으로 바랐던 것은 그들의 높아진 자존감과 스스로 자신을 찾는 것이었다. 이렇게 생각하니 답은 명쾌했다. 실행이 곧 답이었다.

6개월 뒤 첫 번째 스타일 수업을 개설했다. 소수의 사람들을 모았다. 이들은 패션을 전혀 모르는 사람들이었다. 공통적으로 스타일링 잘 되어진 런웨이 사진이나 패셔니스타들의 사진을 보면 오히려 이상하다고 말하는 사람이었다. 뭐가 예뻐고 뭐가 이상한지 구분하지 못했다. 그들은 여러 가지 직업을 가지고 있었다. 예비 의사 준비생, 악기 연주가, 방송지망생, 취업 준비생 등 전혀 패션과 무관한 전공을 갖고 있어 기대가 됐다. 정말 직접 도와만 주는 서비스를 받지 않고도 교육만으로도 패션을 좋아하게 되고 옷 입는 법을 스스로 배우게 될지 궁금했다.

첫 수업 날이었다. 4명의 여자 수강생들은 역시 옷을 대충 입고 왔다. 각각의 콘셉트가 없었다. 지하철을 타면 흔하게 볼 수 있는 평범한 패션들이었다. 하지만 그들의 눈은 패션과는 정반대로 초롱초롱 했다. 한편으론 의심의 눈초리로 나를 보는 것 같기도 했다. 자신들이 이 수업을 듣고 정말 옷을 잘 입을 수 있게 될지 확신을 갖고 있지 않은 애매한 표정들이었다.

떨리는 마음으로 첫 수업을 시작했고 '패션이란?' 첫 물음을 던지며 이야기를 이어나갔다. 3시간의 긴 수업이 끝났다. 4명의 수강생이 손뼉을 쳤다. 그들은 두 달 동안 나와 패션을 이야기하고 스스로 스타일리시 해질 수 있는 실제적인 코디 방법과 법칙들을 배웠다. 그 어디에서도 쉽게 가르쳐주는 내용이 아니었기 때문에 한 번의 결석도 없이 열심히 수업에 참석했다. 시간이 지날수록 그들은 패션에 대해 관심을 갖기 시작했다. 그리고 두 달 뒤 마지막 수업 날이 왔다.

이날은 특별한 숙제를 내준 날이었다. 그동안 배운 것을 모두 적용하여서 자신이 하고 싶은 스타일로 변신하라는 것, 스스로 쇼핑하고 코디까지 해야 했다. 내가 쇼핑을 도와주지도 않았고 코디를 해주지도 않았다. 단지 8주 동안 배운 내용만 가지고 코디를 하도록 가르쳤기 때문에 하나의 팁도 주지 않았다. 결과는 놀라웠다. 마지막 날 모든 수강생들이 다른 사람들이 되어서 수업 장소에 나왔다. 내가 8주 전에 봤던 사람들이 맞는지 내 눈을 의심했다.

이 수업을 시작하기 전 나에겐 고정관념이 있었다. '내가 쇼핑을 해주고, 코디를 해줘야지만 멋있고 예쁠 거야'라고 생각했다. '아무리 혼자서 스타일링을 해도 내가 해준 스타일링이 더 낫지'라는 생각이 있었다. 하지만 그들의 모습은 이런 생각을 부끄럽게 만들었다. 오히려 서비스만 받은 사람들은 전문가의 손길과 센스를 거쳐 나온 스타일이기 때문에 스타일에서 나의 냄새가 났다. 하지만 이들은 달랐다. 전문가의 손길이 전혀 들어가지 않았다. 그래서 자신의 냄새가 나는 스타일의 모습을 연출하고 있었다. 이 수업을 만들기 전 패션도 교육을 받는다면 스스로 스타일을 만들 수 있다는 확신이 가짜가 아니라는 것이 증명되었다. 이것이야말로 참된 스타일리시 함 같았다.

스타일은 자기 자신이 보여야 한다. 남의 것이 되어선 안 된다. 본연의 모습이 그대로 들어가면서 각자 태어난 대로, 살아온 대로 모든 것이 묻어나는 것, 상상을 뛰어넘는 본인의 색과 향기가 묻어나는 옷차림, 이것이 바로 진정한 패션이다.

가장 감격한 부분은 캐주얼만 입던 사람이 스스로 섹시한 느낌으로 새로운 코디를 했다는 것, 한 번도 보라색을 입어보지 않은 사람이 과감하게 보라색을 선택하여 원피스를 입고 온 것, 액세서리는 한 번도 해보지 않은 사람이 자신에게 어울리는 액세서리를 하고 왔다는 사실이었다. 이런 변화들이 얼마나 큰 결심과 두려움을 이겨야지만 가능하다는 것을 알기에, 그녀들의 도전에 눈물이 조금 날 것 같았다.

이 모든 것은 전문가의 도움 없이 스스로 선택한 것이다. 그들의 스타일이 달라지고 행동으로 나타날 수 있었던 이유는 단 한 가지였다. 패션을 배웠다는 것이다. 기초를 알게 된 것이다. 자신이 스타일을 활용할 수 있는 사람인 것을 깨닫게 된 것이다. 나는 이들의 변화를 보면서 이 교육은 계속 되어야 된다고 생각했다. 그리고 교육을 더 구체화시켜 계속 알리고 있다.

사람들이 옷을 잘 입지 못하고, 스타일링에 도움을 받으면서도 결국 다시 돌아가는 이유는 한 가지 밖에 없다. 패션을 배울 마음이 없으며 스스로 익히려는 생각이 없기 때문이다. 단지 단순한 서비스를 이용하고 싶거나 아예 관심이 없다. 하

스타일은 자기 자신이 보여야 한다.
남의 것이 되어선 안 된다. 본연의 모습이 그대로 들어가면서
각자 태어난 대로, 살아온 대로 모든 것이 묻어나는 것,
상상을 뛰어넘는 본인의 색과 향기가 묻어나는 옷차림,
이것이 바로 진정한 패션이다.

지만 이제 확신한다. 패션계 직업을 갖고 있지 않더라도 누구나 스타일링은 어느 정도의 교육을 받을 필요가 있다는 사실이다. 자신이 옷을 잘 입고 있다고 생각한다면, 그것을 점검해봐야 한다.

혹 개인 스타일리스트에게 서비스를 받았을지라도 공부는 계속되어야 한다. 그 결단은 당신을 배신하지 않으며 삶의 전 영역을 변화시킬 것이다. 당신의 영업이 잘 되지 않는다면 자신의 옷차림을 돌아보자. 지금 당장 배움이 필요하지 않은가?

PS. 첫 패션공부를 시작한 수강생들의 편지.

선생님께 정말 감사드린다는 말을 전해드리고 싶어요. 저는 지금 미국에 잠시 머무르고 있습니다. 선생님 덕분에 여기 미국 사람들에게 칭찬 많이 받고 있습니다(옷 잘 입는다. 옷이 예쁘다. 등). 동생이 패션수업을 등록할까 고민할 때 그 돈으로 옷이나 사 입으라고 했는데, 그 말을 듣지 않고 패션공부를 배우게 된 것을 제 인생의 가장 잘 한 선택 중 하나라고 생각해요. 패션에 어느 정도 자신감과 용기가 생겼어요. 선생님 덕분입니다. 진심으로 감사드리고 SNS로 계속 근황을 전하면서 지내겠습니다.

안녕하세요. 저는 요즘 새로운 옷에 도전하는 게 너무 재미있고 이제는 스스로 옷 사는 게 하나도 두렵지 않아요. 하나하나 도전해 가고 있습니다. 반응 또한 모두들 스타일이 변했다, 예쁘다고 말하고요. 다 선생님 덕분입니다.

-

안녕하세요. 다들 잘 지내고 계시는가요? 저는 그동안 시도하지 않았던 것을 해보려고 스스로 노력 중이에요. 제가 달라 보이는 게 너무 신기하고 좋아요. 앞으로도 계속 공부하고 노력할게요.

-

선생님 안녕하세요? 잘 지내시죠? 패션 수업을 공부하고 나서 변화가 너무 좋았고 흥미로 와요. 요즘 즐겁게 옷 입고 있습니다. 첫 수업 전까지는 거울 보며 옷 입는 제 느낌은 부정적이고 싫었는데, 이제 아침마다 옷 입고 꾸밀 때마다, 쇼핑할 때마다 예전에는 큰돈을 들여도 매번 실패했는데, 요즘에는 적은 돈을 들여도 쇼핑에 성공해요. 또 제가 새로운 스타일을 입었을 때 스스로 놀라는 감정이 너무 재밌습니다. 아직 부족하지만 계속 옷 열심히 입을게요.

스타일은 습관이다

"습관은 인간 생활의 위대한 안내자이다."

데이비드 흄

한 여성이 나의 스타일 연구소로 상담을 신청했다. 스타일 고민 때문에 상담을 하고 싶다는 내용이었다. 상담 날짜를 잡았다. 그리고 만나기로 한 날 그녀가 스타일 연구소로 찾아왔다. 그녀의 표정은 딱히 밝아 보이지 않았다. 약간의 그늘이 있어 보였다. 상담을 시작했다. 나는 그녀가 왜 스타일이 좋지 못한지, 스타일이 좋아지기 위해서는 어떻게 해야 하는지 하나하나 차근차근 설명해 주었다.

그녀는 설명을 다 듣고 나서 나와 함께 스타일링을 배워보고 싶다고 했다. 하지만 무언가 머뭇거렸다. 마음속에 걸리는 게 있는 듯해 보였다. 나는 물었다. "어떤 점이 고민이세요?"

그녀는 “사실 몇 년 전에도 이런 스타일링 공부 프로그램을 한 적이 있는데 중간에 흐지부지 해져서 결국 스타일이 좋아지지 않았어요”라고 대답했다.

예전의 실패 경험 때문에 그녀는 다시 스타일에 신경을 쓰고 시간과 예산을 투자해야 한다는 사실이 걱정이 되었던 것 같다. 그때까지는 그녀에게 어떤 문제가 있는지 알지 못했다. 이제 학교 졸업을 하고 바로 인턴으로 취업이 코앞으로 다가온 상황에서 자신의 모습은 당장 바꾸고 싶지만 또 실패할까 봐, 그대로 돌아갈까 봐 걱정되기 때문에 이러지도 저러지도 못하는 모습이 보였다. 그런 그녀가 안타까웠다.

올바른 방법으로 기초부터 탄탄히 스타일을 바꾸어 나가면 변할 수 있는 그녀의 모습이 보였지만 정작 자신은 앞길이 보이지 않는 모양이었다. 그녀는 얼굴의 비례와 균형이 매우 좋았다. 연예인 김태희처럼 3:2의 황금비율 마스크를 가지고 있는 미인 형 얼굴이었다. 하지만 살이 많이 쪄있기 때문에 스타일이 달라지면 얼마나 달라지겠냐는 게 가장 큰 염려였다. 일단 자기 자신을 믿지 못하는 것 같았다. ‘내가 바뀌면 얼마나 달라질 수 있을까’라고 생각하는 듯 보였다. 스타일은 자신을 믿어주는 믿음에서 시작하는데 말이다.

어떤 일이건 자신을 믿지 못하면 도전이나 새로운 시도조차 못하게 되어있다. 그런 마음의 상태가 결국은 다시 스타일이 좋아질 수 없는 악순환의 지름길로 가는 것이다. 그녀를 설득하고 용기를 불어 넣어주었다. 결국 그녀와 나는 함께 스타일 메이크오버(makeover) 여정을 떠나기로 했다. 첫 번째 컨설팅 날이 돌아왔다. 나는 그녀에게 물었다.

"거울을 보면 자신에 대해 어떤 감정을 느끼시나요?"
"아무 생각도 안 나요."
"아무 생각도요?"
"네, 딱히…"
"음, 좋은 생각이나 나쁜 생각 다 괜찮은데 아무런 생각이나 감정이 안 느껴지세요?"
"네, 별다른 생각이 들지도 않고 거울 자체를 거의 안 봐요. 세수할 때 빼고…"
"거울을 하루에 한 번 보신다고요?"
"네, 굳이 볼 이유도 느끼지 못하는 데요."

그녀는 거의 거울을 보지 않았다. 그리고 거울을 봐도 자신의 스타일이나 자신에 관해 아무 생각을 하지 않는다고 했다. 스타일 컨설팅을 받으러 오는 대부분의 사람들은 거울을 많이 본다고 해도 그 목적이 용모점검일 뿐이다. 거울 속 자신의 모습을 긍정적으로 생각하거나 매력적으로 생각하는 사람은 소수인 것을 발견했다. 그녀의 스타일 문제는 거울을 보지 않는 것에서부터 시작했다. 어떻게 보면 자신의 모습을 보고 싶지 않았을 수도 있다. 거울을 보지 않는 것이 습관이 되는 순간 스타일은 악순환의 패턴으로 자리를 잡을 수밖에 없다.

거울을 봐도 자신의 모습이 예뻐 보이지 않기 때문에 거울을 보지 않게 되고 생각을 하지 않으려 애를 쓸 수 있다. 자신에 대해서 말이다. 그렇게 되면 스타일과 패션과는 더 멀어지게 되고 자존감은 낮아질 수밖에 없다. 그녀가 스타일이 좋아지기 위해서는 거울을 자주 보고 자신의 매력을 일부러 입으로 말하는 연습이 필요했다. 나는 그녀에게 이제부터 하루에 10번 이상 전신 거울을 보도록 노력하고 자신의 매력을 10개 이상 매일 발견해서 나에게 말해주라는 숙제를 내주었다. 의도적으로 그녀가 거울 보지 않는 습관을 바꿔줄 예정이었다.

그녀의 문제점은 거기서 끝나지 않았다. 컨설팅 중 그녀에게 어울리는 퍼스널 컬러를 진단해주기 위해서 거울 앞에 앉으라고 했다. 앉자마자 그녀의 입에서는 자신도 모르게 말이 튀어나왔다. “아, 거울 보기 싫어!” 나는 깜짝 놀랐다. 가끔 거울 속의 자신의 모습을 보고 부정적으로 느낀다든지 자기혐오를 한다든지 등 예상을 깨는 고객들의 행동을 통해서 패션을 포함한 사람의 외적 이미지는 기술적인 문제가 아니라 마음가짐의 문제에서 시작된다는 것을 깨달을 때가 많다.

"왜 거울 보기 싫으세요?" 정말 속상했기에 나도 모르게 대답을 한 것이다. 그녀는 자신의 얼굴을 보기 싫다고 말했다. 피부도 그렇고 무언가 마음에 안 든다고 했다. 참고로 내가 보기엔 피부가 참 좋아 보였다. 그녀의 문제점은 자신에 대해 자주 부정적인 말을 하는 습관이 있다는 것이었다. 한마디의 말이었지만 그동안 자신을 어떻게 생각하고 있는지 대충 짐작이 왔기 때문에 자신을 부정적으로만 보는 모습이 많이 안타까웠다.

수많은 사람들이 자신에 대해서 부정적으로 본다. 부정적으로 자신을 대하는 것, 말하는 것도 습관이 된다. 이러한 습관들이 스타일에 연결이 되면 쇼핑을 싫어하게 되거나, 자기 자신을 아예 꾸미지 않고 방치하는 것으로 변형된다. 이러한 습관들이 몇 년 이상 지속되면 메이크오버를 하고 괜찮은 사람으로 달라지는 것이 어렵고 변하는 시간도 오래 걸린다. 세 살 버릇 여든까지 가기 때문이다.

컨설팅을 신청하는 사람들 중에 내가 추천해주는 의상들이 부담스럽다고 이야기하는 분들도 있다. 객관적으로 봤을 때는 전혀 부담스럽지 않고 오히려 본인들이 입은 옷들보다 자신을 훨씬 세련되게 보일 수 있는 옷인데도 불구하고 말이다. 그것은 습관 때문이다. 몇십 년 동안 입어온 후줄근한 스타일, 자신에게 맞지 않는 패션, 편안하기만 할 뿐 매력적이지 않은 옷을 입어왔는데 어떻게 약간 불편하지만 매력적이고 멋스러운 옷을 입는 게 부담스럽지 않을 수 있는가.

정말 스타일이 달라지기 원한다면 습관을 개선하려는 의지가 반드시 필요하다. 하다못해 억지로 귀걸이 하나라도 하려고 하는 노력, 남성이라면 헤어 세팅을 꼭 하고 나가려는 노력 같은 것들 말이다. 이러한 것들이 하기 싫고 귀찮아졌다면 이미 습관이 잘못 길들여졌다고 보면 된다.

한번 잘못 길들여진 패션 습관은 고치는 것이 매우 어렵다. 피나는 노력을 해야지만 스타일이 좋아질 수 있다. 하지만 나쁜 점만 있는 것은 아니다. 이러한 습관들을 고치고 일부러 자신을 꾸미고, 본연의 매력을 찾기 위해 노력하는 것, 평소 생각하던 것에서 옷에 대한 관심을 10%만 늘리는 것, 내가 아름답게 보이게 하도록 코디를 열심히 하는 것, 이러한 사소한 습관들이 자리 잡으면 어느새 자신의 변한 모습을 발견할 수도 있다. 어느 순간부터 스타일이 좋아진 것도 모른 채 자신을 매력적으로 꾸미게 되는 것이다.

나는 내담자들과 반대로 어딜 나가든 꾸미는 습관이 있다. 아주 어렸을 때부터 있던 습관이다. 누군가를 만나야 할 때, 나를 드러내는 장소가 있을 때마다 항상 꾸몄다. 최선을 다했다고 하면 맞을까. 헤어부터 메이크업, 코디, 옷 고르는 것 등

나 자신을 최상의 모습으로 보이기 위해 애썼다고 하면 맞을 것이다. 하지만 그것이 귀찮지 않았다. 즐거웠다. 어떨 때는 귀찮기도 하다. 하지만 그렇게 최선을 다한 뒤 만남의 장소에 가면 좋은 반응을 얻는다. 확실히 신경 쓴 날과 방치한 날은 좋은 일이 일어나는 빈도수가 다르다. 나를 꾸몄을 때 들었던 칭찬 한마디가 깊은 자존감을 만들어 주었고 그 자존감을 바탕으로 다시 나 자신을 꾸밀 수 있게 되었다.

오랜 기간 세심한 관심을 갖고 옷을 입었을 때 그것이 습관으로 자리 잡을 수 있다. 습관은 정말 무섭다. 나는 가끔 꾸미지 않아도 되는 순간에도 꾸미고 외출을 하는 모습을 발견한다. 정말 심하게 귀찮고 피곤한데 손이 움직이고 있다. 마음이 원하지 않아도 몸이 알아서 나를 꾸민다. 놀랍지 않은가. 마치 자동 시스템이 된 것 같다.

스타일이 습관이라는 사실을 발견하게 된 것은 나뿐만 아니라 나의 동역자이자, 사업 파트너인 남편 때문이기도 하다. 나의 남편은 꾸미는 것을 매우 좋아한다. 심지어 병원에 가거나 잠깐 산책하러 나갈 때도 남들이 보기에 허름하다고 느끼거나 자신이 거울을 봤을 때 초라해 보이는 것을 좋아하지 않는다. 나도 직업상 퍼스널 스타일리스트이지만 가끔 준비가 늦어지거나 여자보다 더 세심하게 꾸미는 남편을 보면 가끔 핀잔을 주기도 했다. "빨리 좀 하면 안 돼? 뭐 그렇게까지 꾸며"라고 말이다. 그때 남편이 한 말이 있다.

"아, 정말 직업도 그렇고 20년 동안 꾸며버릇하니까 그냥 자동으로 머리를 감게 되고 거울을 보면서 옷매무새를 만지게 돼. 도대체 어떻게 하면 안 꾸밀 수 있는 건지 모르겠어."

나는 망치로 한 대 얻어맞은 기분이었다. 내가 요즘 컨설팅을 하면서 고객들에게 어려움을 느낀 부분 중 큰 부분 하나가 해결된 듯한 느낌이었다. 남편이 생각하는 것이 바로 내 생각과 같았기 때문이다. 내가 만나는 고객들의 고민은 어떻게 하면 잘 꾸밀 수 있냐는 것이다. 이것이 큰 문제이고 고민이기 때문에 나를 찾아온다. 하지만 사실 난 어떻게 하면 꾸밀 수 없는지 잘 모르겠다. 그냥 손이 간다. 코디를 한 번이라도 더 해 보고 거울을 한 번이라도 더 보는 것, 쇼핑을 즐겨 하고 꾸민 나의 예쁜 모습을 사진으로 기록해 두는 것, 옷장 정리를 하고 새로운 옷을 사는 것을 어떻게 하면 하지 않을 수 있는지를 모른다. 이 모든 것들이 소름이 돋을 정도로 나에게 습관으로 배어버린 것이다. 이것은 스타일이 좋아질 수 있는 커다란 키(key)일 수 있다는 마음의 확신이 들었다.

20년 동안 매일 자신을 멋지게 꾸미고 다닌 사람은 꾸미지 않은 거울 속 자신의 모습이 이상해서 자연스럽게 자신을 꾸미게 된다. 반대로 꾸미지 않은 모습, 옷을 잘 입지 못하고 매력적이지 않게 다니는 게 익숙해진 사람은 앞으로도 100% 자신을 꾸미지 않은 채 외출을 할 수밖에 없다. 자동화 시스템, 그것이 습관이다.

그렇다면 스타일이 좋아지기 위해서 좋은 습관으로 패턴을 바꾸기 위해서는 어떻게 하면 좋을까? 찰스 두 히그가 쓴 [습관의 힘]이라는 책에서는 좋은 습관(=반복행동)을 만들기 위해서는 특정 신호를 만들고 습관으로 만들고 싶었던 행동을 반복행동했을 때에 보상을 주라고 말한다. 또한 그 행동이 습관으로 자리 잡을 때까지 계속 반복하라고 했다. 스타일 또한 마찬가지이다. 내가 스타일이 좋아지기 위해서 사소하게 지킬 행동 등을 적은 뒤 적절한 보상행동을 주게 되면 스타일과 패션이 습관으로 바뀌면서 서서히 스타일이 좋아질 수 있다.

예시

1. 다음날 입을 코디는 전날 저녁 10시에 미리 정해 두기
2. 패션 잡지를 한 달에 한 권 이상 정독하기
3. 거울을 보고 나의 매력 10가지씩 말하기
4. 옷을 입은 뒤 뒷모습도 확인하기
5. 매주 마지막 주 토요일은 액세서리 쇼핑하기
6. 매주 첫 번째 월요일은 옷장 정리하기

7. 예쁘게 입은 뒤 좋은 카페에 가서 멋진 나의 룩을 사진으로 남기기

나는 한 사람이 자신의 최대의 매력을 끌어 올려 패션이라는 무기로 자기표현을 자연스럽고 당당하게 할 수 있도록 도와주는 역할을 하는 자이다. 하지만 아무리 그 사람을 꾸며주고 매력을 찾아주어도 신데렐라처럼 다시 돌아가는 이유는 단 한 가지이다. 습관 때문이다. 스타일은 습관이다. 멋있는 사람이 되고 싶다면 습관을 바꾸자. 좋은 습관으로 만들어진 당신의 패션은 생각보다 당신의 삶을 더 풍요롭게 해주는 키가 될 수 있다.

style tip

스타일 습관을 만들기 위해서 가장 좋은 것은 거울을 볼 때마다 매력을 하나씩 발견해서 거울 앞에 붙이는 것이다. 매력이 하나 하나 쌓일 때마다 자존감이 올라가고 스타일이 좋아질 것이다.

내가 바꿀 스타일 습관 적기 :

습관을 지켰을 때 보상행동 :

나를 꾸몄을 때 들었던 칭찬 한마디가 깊은 자존감을 만들어 주었고 그 자존감을 바탕으로 다시 나 자신을 꾸밀 수 있게 되었다.

Part 4

패션은 도구

아무도 이기지 못하는 힘
- 패션은 가장 위대한 도구이다

한번은 국을 끓이고 나서 그릇에 담으려고 국자를 찾는데 아무리 해도 찾을 수가 없었다. 당황한 나머지 수저로 국을 옮기다가 국을 쏟은 적이 있다. 그날 흔히 볼 수 있었던 국자의 부재로 불편을 겪었던 기억이 있다.

모든 물건에는 저마다의 쓰임이 있다. 이 세상에 불필요한 것은 없다. 패션도 마찬가지다. 주체는 나다. 내가 주체가 되어 패션을 활용하기 시작할 때 그것은 나와 세상을 연결해주는 도구가 된다.

'냉장고를 부탁해'라는 프로그램을 좋아한다. 이 프로그램은 요리의 전문가들이 15분 만에 연예인들의 냉장고에 있는 재료만을 가지고 즉석에서 프로급의 요리로 대결하는 내용이다. 요리를 하는 과정이 너무 리얼하고 멋있기 때문에 인기가 많다.

특히 눈여겨 볼만한 점은 쉐프들의 칼질 솜씨이다. 15분 만에 요리를 완성해야 하기 때문에 쉐프들의 손이 매우 빠르다. 눈에 보이지 않을 정도이다. 칼질을 하는 장면을 보면 그 쉐프가 얼마나 오랜 기간 연습을 하고 훈련을 했는지가 눈에 보인다. 괜히 TV에 나올만한 유명한 장인이 아닌 것이다. 이렇게 되기 위해서는 훈련과 반복만이 답이다.

패션도 마찬가지이다. 같은 옷을 가지고도 코디를 잘 하는 사람은 패션이라는 도구를 잘 활용하는 사람이다. 옷을 잘 입기 위해서는 도구를 잘 써야 한다. 패션도 반복과 노력이 필요하다. 코디를 잘하기 위해 실패도 해 보면서 남들의 시선을 두려워하지 않는 용기가 필요하다. 그렇다면 어떻게 해야 패션이라는 도구를 잘 활용할 수 있을까?

패션이라는 도구를 잘 활용해서 자신의 삶에서 만족할만한 기분을 느끼고 세상과 소통하려면 다섯 가지의 단어를 알아야 한다. 그 첫 번째 도구 활용법을 소개한다.

첫 번째는 강점 이미지이다. 강점 이미지란 자신이 가지고 있는 장점 중에 최고의 장점이다. 만약 50명의 사람들과 모임을 한다고 가정했을 때 그 사람들 중에서 자신의 가장 뛰어난 점을 말할 수 있다면 그것이 강점이다. 외적인 강점, 내적인 강점, 성격적인 강점으로 나눌 수도 있다. 여러 사람들 중에서 나만이 가지고 있는 최고의 매력이라고도 말 할 수 있다. '나는 매력이 없는데. 강점도 없는데'라고 생각한다면 그것은 잘못된 생각이다. 평생 자신의 강점을 발견하지 못하는 사람은 있지만 강점이 없는 사람은 지구상에 단 한 사람도 없다. 각 사람은 고유의 작품이기 때문에 각각의 차별성과 강점을 가지고 태어난다. 강점이 무엇인지 모르겠다면 자신만의 차별성을 생각해보자.

자신의 강점을 잘 알고 있는 사람일수록 옷을 잘 입을 수 있다. 강점과 패션은 무슨 관계가 있는 것일까? 20년 동안 자신이 누구인지 몰라서 심리 상담까지 받아봤던 한 20대 초반 여성이 나를 찾아왔다. 자신이 무슨 스타일이 어울리는지 모르기 때문이었다. 자신이 누구인지 모르는 사람이 스타일을 모르는 건 당연한 이치였다. 그녀에게 나는 하나의 숙제를 내주었다. 자신의 강점과 단점을 적어오라는 내용이었다. 일주일이 지나 그녀를 다시 만났다. 그녀는 나에게 숙제로 해온 A4 용지를 내밀었다. 나는 당황했다. 장점은 적혀있지 않고 단점만 수두룩하게 적혀있는 것이었다.

"촌스럽다. 세련되지 못하다. 얼굴이 못생겼다" 등등 자신을 매우 부정적으로 보고 있었다. 나는 왜 장점은 적어오지 않았냐고 물었다. 그녀는 대답했다. "장점은 없는데요." 그녀가 매우 간결하게 대답해서 더 놀랐다. 장점을 적어오라는 숙제를 내주었는데 장점이 없다고 말한 사람은 처음이었기 때문이다.

그녀가 스타일을 찾지 못한 이유는 명백했다. 자신이 강점이 없다고 생각하는데 어떻게 옷을 입고 자신이 예쁘다고 생각하겠는가. 아마 어떤 옷을 입어도 자신이 예쁘다고 생각하지 않을 것이다. 그녀의 말이 이어졌다. "예전에 남자친구를 만났었는데 그 남자친구가 너는 왜 이렇게 못생겼냐고 말했어요. 그리고 학교 선배가 예쁜 그 선배처럼 똑같이 따라 입지 말라고 하더라고요. 그래서 제가 뭐가 어울리는지 모르겠어요."

그녀는 남들에 말에 매우 휘둘리고 있었다. 마음이 아프기도 했다. 그녀에게는 지금 쇼핑이나, 컨설팅을 받기보다는 자신은 강점이 매우 많은 사람이라는 것을 깨닫는 것이 시급했다. 나는 그녀에게 자신이 좋아하는 연예인이나 좋아하는 취미를 적어보라고 했다. 그리고 성격적으로 긍정적인 것들을 적어보라고 했다. A4용지 가득히 말이다. 그리고 그녀를 돌려보냈다.

패션이라는 도구를 잘 활용하기 위해 첫 번째로 중요한 것은 자신의 강점 이미지를 발견하는 것이다. 발견하지도 못한 사람에게 도구를 활용하는 법을 가르칠 수는 없다. 어쩌면 이 세상에는 자신의 강점을 발견하지 못한 채 늙고 있는 사람이 더 많을 수도 있다. 그래서 더 안타깝다. 사람들의 옷차림새를 보면 그 사람이 자신의 강점을 알고 있는지 전혀 모르고 있는지가 쉽게 구별된다. 자신의 강점을 아는 사람은 그 강점을 더욱더 확대하는 옷을 선택한다. 컬러라든지, 디자인을 말이다.

이와 마찬가지로 강점 이미지는 일단 발견하는 것이 중요하지만 잘 알고 있다면 그것을 더 확장시켜야 한다. 왜냐하면 강점 이미지는 가만히 내버려 두면 잘 보이지 않을 수도 있기 때문이다. 또한 옷을 잘 입지 못하면 강점이 오히려 가려지기도 한다. 그렇기 때문에 첫째로 강점을 발견하고 강점을 활용하는 옷을 입는 것이 좋다. 강점을 활용하는 옷을 입기 위해서는 먼저 자신의 강점을 적어보아야 한다. 한 번 적어보자.

나의 최고의 강점 :
나의 외모의 강점 :
나의 체형적 강점 :
나의 성격적 강점 :
나의 첫인상 강점 :
나의 내면의 강점 :

강점 이미지를 최대한 구체적으로 적기 위해서는 자신의 사진첩을 들여다보거나 남들의 도움을 받을 수도 있다. 지인들에게 자신을 처음 보았을 때 어떤 이미지이었는지 물어보는 것도 도움이 된다.

남들이 나를 처음 봤을 때 느꼈던 이미지

만약 10명에게 첫인상을 물었는데 8명이 같은 대답을 했다면 그것은 자신의 강점일 확률이 높다. 내가 생각하는 나의 강점과 다른 사람들이 말하는 나의 이미지가 겹친다면 더욱 확률이 높아진다. 이렇게 조사를 통해서 자신의 강점을 발견할 수 있다. 또한 강점은 형용사로 표현하는 것이 좋다. 예를 들어 아름다운, 도시적인, 다가가기 쉬운, 신뢰감이 있어 보이는, 부드러운, 강한, 자신감이 있어 보이는, 동양적인, 서양적인, 깔끔해 보이는 등 구체적인 형용사일수록 옷으로 표현하기 쉽다.

자신의 강점 이미지를 완벽하게 발견했다면 옷으로 자신의 강점 이미지를 표현하는 법을 찾아야 한다. 만약 당신의 강점 이미지가 '부드러운, 완만한, 다가가기 쉬운'이라고 치자. 당신은 누구보다 인상이 부드럽고 목소리 또한 감미롭다. 항상 첫인상을 보고 사람들이 쉽게 다가온다. 그것은 당신의 강점이 될 수 있다. 그렇다면 이 강점을 옷으로 어떻게 더 어필할 수 있을까?

당신이 여자라면 생머리보다는 웨이브가 좋을 것이다. 웨이브를 한다면 한결 더 부드러워 보일 수 있을 것이다. 컬러는 어떻게 활용해야 할까? 원색의 강렬한 컬러의 옷을 입는 것보다는 파스텔톤, 부드러운 컬러를 입는 것이 좋다. 부드러운 컬러를 통해서 당신의 인상이 더 완만해 보일 것이다. 또한 악센트가 강한 액세서리를 착용하는 것 보다 당신의 이미지를 살릴 수 있는 부드러운 액세서리를 활용하는 것이 좋다. 혹시 이런 활용법들이 당연하다고 느껴지진 않는가? 절대 그렇지 않다.

내가 만난 대부분의 사람들은 정확히 자신의 강점과 180도 정반대되는 옷차림새를 하고 있었다. 그것 또한 매우 신기한 일이다. 매우 세련되고 서양적인 이목구비를 갖은 여성이 있었다. 그 여성은 고양이 상에 체형도 마치 외국인 여성처럼 키도 크고 골격도 컸다. 첫인상은 도시적인 여성이라는 느낌이 강했다. 하지만 그녀의 스타일은 매우 귀여웠다. 프릴이 달린 옷, 그리고 연하고 부드러운 옷을 주로 입고 있었다. 액세서리는 큰 키와는 대조되게 매우 소심하고 작은 걸 착용하고 있었다. 딱 봐도 그녀와 반대되는 스타일을 유지하고 있었다.

이것은 우연일까? 아니다. 대개 사람들은 자신의 취향에 따라 스타일을 정한다. 자신감의 크기에 따라 액세서리를 정한다. 그렇기 때문에 자신의 강점에 맞는 스타일을 유지하는 사람은 드물다. 자신의 매력, 강점 이미지와는 정반대되는 스타일을 하고 있는 그녀는 역시 자신의 스타일에 만족하지 못했다. 자신의 강점 이미지를 살리지 못한 스타일에 만족을 하지 못하는 것은 당연한 일이 아닐까?

강점 이미지는 자신의 옷차림새의 콘셉트를 정하는데 중요한 첫 번째 도구이다. 만약 지금까지 자신의 단점에 주목하며 단점을 가리는 스타일링을 위주로 했다면 그것은 자신의 매력을 오히려 갉아먹는 일을 했을 것이다. 옷은 가리려고 입는 것이 아니다. 매력과 강점을 더 돋보이게 하기 위해서 입는 것이다. 그렇게 입기 시작할 때 세상은 반응하기 시작한다. 강점은 돋보이기 시작하고 그 강점으로 인하여 모임에서 주목받기 시작한다. 강점 이미지로 장착한 스타일링을 한 사람은 마치 산 위에 있는 도시와도 같다. 숨길 수가 없는 것이다.

어떤 장소에 가더라도 매력적인 사람이 되고 싶다면 단점이 아닌 강점을 활용하는 옷 입기를 시작하자. 사람들은 단순하기 때문에 강점에 초점을 맞춰주기 시작하면 단점은 잘 보지 못한다. 도구는 활용하라고 있는 것이다. 자신의 강점을 인정하고 발견하는 것, 그리고 패션이라는 도구를 통해 그것을 확장시키는 것이야말로 당신이 쓸 수 있는 가장 큰 무기가 될 것이다.

나를 빛나게 하는 색色

> "색채는 모든 눈에 보이는 것 중에서 가장 신성한 요소이다."
>
> 존 러스킨

"여러분, 패션이란 뭘까요?"

뜬금없는 나의 질문에 참가자들이 두 눈만 끔뻑인다. 이내 그들이 생각했던 답들을 쏟아 놓는다.

"패션은 옷이에요."
"패션은 스타일이에요."
"패션은 유행이요."

물론 모두 맞는 말이다. 하지만 나는 패션은 '도구'라고 정의한다. 패션은 수단이고 방법이다. 반대로 말하면 패션 자체가 목적이 될 수 없고, 패션 자체가 중요하지 않다는 것이다. 정리하자면 패션이란 나다움을 표현하기 위한 수단이며 방법이라고 할 수 있다. 나다움을 표현할 수 있는 도구는 당연히 많으면 많을수록 좋을 것이다. 많기만 하면 좋을까? 그것은 절대 아니다. 도구마다 기능과 사용방법이 다르다. 도구가 아무리 많아도 그 도구의 참된 기능과 사용방법을 모른다면 수백 개의 도구가 있더라도 아무것도 없는 것과도 같다. 그래서 나는 패션이라는 도구를 잘 활용할 수 있는 패션 사용설명서를 이야기해 보려고 한다. 그 첫 번째 활용법은 컬러이다.

컬러, 그 이름부터 참 오묘하다. 컬러라는 이름을 들었을 때 어떤 색이 떠오르는가? 아마 각자 자기가 좋아하는 색상 하나씩이 생각날 것이다. 내가 말하고 싶은 것은 좋아하는 컬러가 무엇인지가 아니다. 당신은 혹시 컬러의 중요성을 100% 알지 못할 수도 있다고 생각한다.

패션이라는 도구를 활용하는 데 있어서 컬러가 얼마나 큰 영향을 미치는지를 안다면 당신은 당장 자신의 옷장 문을 열고 옷을 정리할지도 모른다. 컬러 즉 색은 말할 수 없을 만큼 다양하다. 빛의 반사를 통해 수만 가지의 색으로 존재한다. 우리가 가지고 있는 핸드폰, 컴퓨터, 연필부터 모든 사물들에게는 컬러가 존재한다. 더 크게 눈을 들어 사람이 만든 것이 아닌 자연을 보자. 자연은 오색향연이라는 말이 있다. 즉 컬러의 시작은 자연에 있고, 인간이 만들어 낸 것이 아니다. 사람이 만들어 내지 않았기에 컬러는 창조주가 우리에게 준 가장 큰 선물이다. 왜 창조주는 온 세상을 흑백으로 만들지 않고 수백 개의 컬러를 통하여 우리의 눈과 감각을 즐겁게 했을까? 아마도 흑백세상은 재미가 없고 아름답지 않기 때문이 아닐까? 이렇게 아름다운 색들이 눈앞에 있는데도 불구하고 왜 옷은 무채색만 입게 될까? 나는 이 질문을 하고 싶다.

자연에 비해 우리의 옷장을 열어보면 가지고 있는 컬러는 매우 적다는 것을 알 수 있다. 우리나라 사람들의 모든 옷장을 열어보진 않았지만 지하철만 타더라도 옷장을 예상할 수 있다. 검정, 회색, 남색, 그리고 가끔 빨간색, 파란색 정도? 대부분 직장동료와 입은 옷의 컬러가 다를 때보다 비슷할 때가 더 많을 것이다. 패션이 도구라면 패션의 일부인 컬러도 도구이다. 도구를 잘 활용하는 사람은 살면서 그만큼 많은 색을 접한다. 대개 옷으로 다양성을 추구한다.

나의 옷장을 살펴보면 매우 다양한 컬러의 옷과 아이템이 많은 편이다. 무지개 색을 넘어서 연한 파스텔 계열, 형광색의 옷 등 여러 가지가 많아 눈이 즐겁다. 항상 옷을 구매할 때는 경험하지 못한 컬러를 사려고 노력하기도 한다. 그러다 보니 옷장이 다채로워졌다. 컬러별로 정리하는 재미도 쏠쏠하다. 또한 직장 내에서도 요일별로 다른 컬러를 입는 편이다. 컬러가 다양하면 주변 사람들에게도 다채롭다는 피드백을 많이 받는다.

'나는 그렇게 다양한 컬러를 입기는 싫어요'라고 생각하고 있진 않은가?

그렇다고 해서 블랙만 입는 게 문제가 되지는 않는다. 블랙이 자신에게 잘 어울리고 그 사람의 캐릭터라면 컬러로 패션이라는 도구를 잘 활용하는 셈이 될 수도 있다. 하지만 창조주가 선물한 수많은 컬러 중 평생 몇 가지 색만 활용한다는 것은 내가 옷을 잘 입지 못하는 이유 중에 하나가 될 수도 있다. 컬러에는 의미가 있다. 즉 컬러는 대화이고 메시지일 수도 있다는 사실을 명심하자.

자신이 어떠한 사람에게 하나의 메시지를 주고 싶다면 컬러라는 도구를 통해서 말을 하지 않고도 전달할 수 있다. 예를 들면 빨간색은 강렬한 컬러로 열정과 생명력을 의미한다. 리더십을 표현하기도 한다. 따라서 무기력하거나 우울할 때 빨간색 옷을 입으면 실제로 신체 또한 에너지가 생기고 기분이 좋아지기도 한다. 또한 유혹을 의미하기도 하는 컬러이기 때문에 실제로 데이트, 소개팅이 있거나 관계 개선이 필요한 연인들에게도 빨간색 옷을 추천하는 편이다. 리더라면 빨간색이 필요한 날이 반드시 찾아온다.

반대로 파란색의 경우에는 신뢰를 상징한다. 그렇기 때문에 면접을 보는 취업준비생이나 신입사원의 넥타이나 셔츠 컬러로 파란색을 추천한다. 또한 노란색 컬러는 친화력을 상징하기 때문에 친해져야하는 대상이 많은 첫 친교모임에서 노란색이나 오렌지 계열을 입으면 사람들이 쉽게 자신에게 다가오는 것을 볼 수 있을 것이다.

이런 식으로 모든 컬러에는 메시지가 있기 때문에 만나는 대상, 장소에 따라서 적절한 컬러를 활용하면 패션을 뛰어넘어 삶의 영역에서도 영향력을 발휘할 수 있다. 그래서 각각 컬러가 주는 의미는 스스로 공부하는 것이 좋다. 그래도 어떤 컬러의 옷을 입어야 할지 막연하거나 입는 컬러마다 얼굴이 칙칙해 보이고 어울리는 컬러가 없다고 생각한다면 퍼스널 컬러를 활용하는 것도 하나의 방법이 될 수 있다.

퍼스널 컬러는 패션의 영역 중 가장 대중들에게 많이 알려지고 있는 한 영역이다. 문자 그대로 해석하면 개인 컬러이다. 풀어서 이야기하면 개인의 매력을 가장 잘 끌어낼 수 있는 컬러이다. 또한 개인이 가지고 있는 고유의 신체 색상을 말한다. 실제로 자신에게 어울리는 컬러를 알고 싶어서 퍼스널 컬러 진단을 받으러 오는 고객들이 매주 마다 몇 명씩 있다.

퍼스널 컬러는 피부 톤에 따라서 개인에게 어울리는 컬러를 4가지 톤으로 구분해 놓은 것인데 크게 차가운 톤(cool tone), 따뜻한 톤(warm tone)으로 나뉜다. 차가운 톤과 웜톤을 세분화하여 봄, 여름, 가을, 겨울 톤으로 다시 나뉘게 된다. 퍼스널 컬러가 정답은 아니지만 퍼스널 컬러 진단을 통해 자신의 톤을 알게 되면 옷이나, 귀걸이, 안경테, 헤어컬러, 화장품컬러, 넥타이 등 자신의 얼굴을 형광등을 켠 듯 밝아진 모습을 거울 속에서 경험하게 된다.

퍼스널 컬러 진단은 머리카락과 눈동자의 색을 관찰하며, 계절별 컬러 드레이핑 천을 얼굴에 직접 대보며 잘 어울리는 색을 고른다. 그렇기 때문에 스스로 퍼스널 컬러를 확인하는 것은 어렵고 전문가를 찾는 것이 맞다. 연예인들의 경우를 봐도 자신에게 맞는 컬러의 헤어나 메이크업, 의상을 입었을 때 더 빛나는 것을 볼 수 있다. 반대로 무언가 어색한 스타일링을 한 연예인들을 잘 살펴보면 어울리지 않는 컬러의 메이크업을 했거나 의상을 입었을 때가 많다. 이렇게 같은 옷이라도 컬러에 따라 인상이나 사람의 에너지가 달라보이게 되는 이유는 자신에게 어울리지 않는 컬러를 활용하면 얼굴 잡티나 주름, 피부의 명도 등이 어두워져 단점이 부각되어 나답지 않고 어색해지기 때문이다.

그렇다면 내가 좋아하지도 않는 컬러인데 무조건 퍼스널 컬

어울리는 컬러가 없다고 생각한다면
퍼스널 컬러를 활용하는 것도 하나의 방법이 될 수 있다.

러를 활용해서 나에게 어울리는 컬러의 옷만 입어야 할까? 그것은 컬러의 100% 옳은 활용법이라고 볼 수 없다. 나를 빛나게 해주는 컬러는 반드시 존재한다. 퍼스널 컬러를 알고 있으면 당연히 모르는 것보다는 낫다. 중요한 날이 갑자기 찾아올 때 적어도 무슨 컬러의 옷을 입어야 할지 고민할 필요가 없기 때문이다.

하지만 지난 몇 년간 수많은 사람들에게 퍼스널 컬러 진단을 해주면서 느낀 점 중에 하나는 퍼스널 컬러를 진단받으면 내가 추천해준 몇 가지의 베스트 컬러 외에는 절대 활용하지 않기 시작한다는 것이다. 말 그대로 자신에게 어울리는 컬러만 안전하게 사용하게 된다. 실제로 한 사람의 스타일을 바꿔주는 프로젝트 안에 퍼스널 컬러 진단이 반드시 들어가긴 한다. 일단 그 사람이 자신에게 어울리는 컬러를 사용하고 있는지, 너무 안 어울리는 컬러만 사용하고 있는지 파악하기 위해서이다.

보통 퍼스널 컬러 진단을 통해 대부분의 사람들은 어울리는 컬러를 찾고 전보다 인상이 좋아진다. 안색이 개선되고 생기 있어 보이고, 다가가고 싶은 첫인상이 만들어지는 것은 사실이다. 그렇다고 해서 처음에 말한 것처럼 컬러는 매우 다양한데 자신의 퍼스널 컬러만 평생 활용하면 그 사람을 옷을 잘 입는 사람이라고 말할 수 있을까? 퍼스널 컬러를 모르더라도 여러 가지 컬러를 활용하여 자신을 다채롭게 표현하는 사람이 나는 더 스타일리시하다고 생각한다.

나 또한 나의 퍼스널 컬러를 알고 있다. 그렇기 때문에 어울리지 않는 컬러도 무엇인지 알고 있다. 하지만 퍼스널 컬러는 절대 패션의 전체 영역이 될 수 없다는 사실은 더욱더 인정한다. 그렇기 때문에 나에게 어울리지는 않지만 그 컬러가 주는 메시지가 필요할 때도 있다. 그래서 어울리지 않는 컬러를 활용하기도 한다. 물론 그 컬러를 스타일리시하게 표현하기 위해서 노력한다. 컬러 말고 다른 도구 활용을 통해서 말이다. 실제로 퍼스널 컬러 이론이 존재하기 전부터 옷을 잘 입는 사람들은 많았다. 그 사람들은 퍼스널 컬러라는 것을 알지도 못하지만 옷을 잘만 입었고 많은 사람들에게 엄청난 영향력을 끼쳤다. 그럼 컬러를 잘 활용해서 옷을 잘 입는 올바른 방법은 무엇일까?

모든 컬러는 아름답다. 그리고 다양하다. 그 다양한 컬러 중에서 자신의 퍼스널 컬러를 찾는 것은 해로운 일이 아니다. 삶의 영역에 많은 도움을 줄 수 있기 때문이다. 때론 콤플렉스가 있고 자신감이 없던 사람이 자신에게 어울리는 컬러를 찾고 자신감이 높아질 수도 있다. 하지만 퍼스널 컬러를 알게 되었다고 그 컬러에만 매여 있다면 그것은 옷을 잘 입고 있는 것은 아니다. 길고 긴 삶 속에 때와 장소에 따라 자신에게 어울리는 컬러를 적절히 활용하면서도 자연이 선물해준 수많은 컬러들을 한 번씩 접해보고, 여러 가지 컬러로 자신의 본연의 매력을 드러낼 수 있다면 그 사람이 진정한 컬러 활용자이고 패션 인이다. 컬러, 결코 어려운 것이 아니다. 내가 끌리는 컬러, 입으면 기분 좋아지는 컬러가 나의 진정한 퍼스널 컬러이다.

당신의 체형은 안녕하신가요?

나는 체형과 스타일이 전혀 상관이 없다고 생각한 사람 중 하나이다. 옷을 입을 때 체형에 맞는 옷을 입어야 한다고 한 번도 생각한 적도 없었다. 그래서 옷을 고르는 기준은 끌림이었다. 첫눈에 끌리는 옷, 나의 시선을 사로잡는 옷을 샀다. 그리고 그 옷을 입었다. 그렇기에 옷이 내 체형을 돋보이게 해주는지, 덜 예뻐 보이게 하는지에 대한 관심은 없었다. 내가 이렇게 체형에 대한 생각을 1%도 하지 않은 이유는 내가 고르는 옷을 입으면 무조건 예쁠 것이라는 내면의 확신이었을 수도 있다.

하지만 지금 내 생각은 약간 다르다. 어느 순간부터 옷을 고를 때 중요한 여러 가지 요소들이 있지만 체형도 한몫한다는 것을 알게 되었다. 물론 전에 이러한 생각을 갖지 않을 때도 옷을 입는 데에는 상당히 만족하고는 있었다. 하지만 가끔 약간의 의문이 들 때가 있긴 했다. 어떤 옷을 입으면 어깨가 유난히 좁아 보이고 머리가 커 보일 때가 있었다. 그리고 다리가 짧게 느껴질 때가 있었다. 또한 나는 유난히 헐렁헐렁한 옷을 입으면 몸집이 더 커보였다.

나는 이런 생각을 하면서도 내가 체형에 맞는 옷을 고르지 않아서 이런 의문이 생긴다는 것은 상상도 하지 못했다. 하지만 지금 와서 느끼는 점은 이런 의문이 드는 옷을 입은 날은 '내가 남들에게 평소보다 스타일이 좋아 보이지 않았겠구나' 하는 부끄러운 생각이 들면서 얼굴이 빨개질 때가 종종 있다.

지금 나는 누구보다 옷을 잘 입으려면 자신의 체형에 맞는 옷을 입어야 한다고 주장하는 사람이 되었다. 나의 이러한 확신은 여러 명의 고객들에게 체형에 맞는 옷을 입히기 시작하면서 더 확실해졌다. 이런 의문들이 나에게만 있지 않다는 것을 깨닫게 된 것이다. 어느 순간 나는 내 체형을 더 아름답게 보일 수 있는 옷이 무엇인지 알게 되었고 내 체형의 장단점을 객관적으로 파악하게 되었다. 신기하게 그 이후부터 옷을 입는 게 더욱 쉬워지기 시작했다. 중요한 약속이 있을 때는 몸매를 더 돋보이게 하는 법을 깨닫게 된 것이다.

하지만 내가 만나는 고객들은 대부분 과거의 나처럼 의문을 갖고 있는 쪽이었다. 그러나 자신의 체형을 더 미워 보이게 만드는 옷의 디자인과 사이즈를 선택한다는 사실은 알고 있

지금 나는 누구보다 옷을 잘 입으려면
자신의 체형에 맞는 옷을 입어야 한다고 주장하는 사람이 되었다.

지 않았다. 스스로 자신의 체형을 못나 보이게 만든다는 점이 신기했다. 그리고 모든 사람들을 스타일리시하게 만드는 열쇠도 여기 있다고 생각했다. 바로 체형 콤플렉스가 있는 사람들은 오히려 체형에 맞는 옷을 입지 않으며 자신이 옷 선택을 잘못하고 있다는 것을 모른다는 것이었다. 의문은 갖고 있지만 말이다.

자연스럽게 나는 고객들을 살피기 시작했다. 그리고 새로운 고객이 나에게 상담을 해올 때마다 체형에 맞는 옷을 입고 있는지, 맞지 않은 옷을 입고 있는지를 살피게 되었다. 신기하게도 결과는 100%로 일치했다. 스타일링이 어려워서 상담을 신청한 고객들의 100%가 디자인과 사이즈 선택이 잘못되었다는 것이다. 더 구체적으로 말하자면 자신을 뚱뚱하고 키가 작아 보이도록 스스로 옷의 디자인을 선택하였다.

고객을 통한 나의 연구는 1년 넘게 계속되었다. 과거의 나였다면 자신감과 내면, 컬러 등 확신만 가지고 스타일이 좋아질 수 있다고 말했을 것이다. 하지만 점점 체형과 스타일의 관계 중요성을 인정할 수밖에 없었다. 결정적으로 내가 체형에 맞는 옷을 입고 사람들을 만났을 때와 체형과 상관없이 트렌드와 미(美)만 충족시키는 옷을 입었을 때 사람들의 반응이 너무 달랐기 때문이다. 나는 그때부터 체형에 대한 공부를 본격적으로 시작했다.

사람의 이미지와 목표설정 외에도 사이즈 선택만 잘해도 핏이 좋아 보이고 멋있어진다는 사실을 알게 되었다. 또한 바지의 기장감, 어깨너비, 단추의 높낮이, 칼라의 모양 등 사소한 옷의 디자인이 한 사람의 스타일의 질을 바꿀 수 있다는 사실도 알게 되었다. 체형에 대해 공부하면 공부할수록 나는 아직 이런 사실을 모르는 사람들에게 이 사실을 알리고 싶었다.

그래서 체형 스타일 컨설팅을 새롭게 도입하게 되었다. 컨설팅을 바탕으로 온라인 동행쇼핑과 오프라인 쇼핑을 통해 이론뿐만 아니라 실제 옷을 입어보면서 실습을 하기 시작했다. 공부한 체형 컨설팅 자격증과 나의 연구결과들을 바탕으로 나는 사람들에게 자신의 체형을 정확하게 알면 옷을 잘 입을 수 있다고 알리기 시작했다. 그리고 이미지 변신을 하기 위해 나를 찾아오는 사람들에게 체형 컨설팅과 실습을 적용했다.

첫 번째로 이 실습의 주인공이 된 사람은 하체비만 콤플렉스를 갖고 있는 여성분이었다. 이 여성분은 힙과 허벅지가 뚱뚱한 게 매우 고민이었다. 그래서 주로 긴 박스 티로 힙과 허벅지를 가리고 스키니를 입는 스타일링을 즐겨 했다. 하지만 그녀의 고민은 사라지지 않았다. 오히려 자신감이 떨어졌다. 그녀는 울상을 지으며 옷을 입기 싫다고 말했다. 하체가 뚱뚱해 보여서 어떠한 옷도 시도할 수 없다고 말했다.

하체비만형의 체형에 긴 박스 티와 스키니는 최악의 코디이다. 그래서 나는 이러한 코디를 하면 안 된다고 말해주었다. 그리고 그녀의 어깨, 가슴, 허리, 다리길이, 팔 길이를 모두 잰 뒤 그녀가 어떠한 체형인지 말해주었다. 그리고 그 체형에 맞는 옷의 디자인을 상의, 하의, 아우터, 원피스, 스커트, 액세서리까지 일일이 가르쳐 주었다. 또한 S, M, L 등 어떠한 사이즈가 정확하게 맞는지를 설명해 주었다. 그녀의 눈은 동그래졌다. 아마도 그녀가 한 번도 입어보지 않은 옷들이 그녀에게 최상의 옷이라고 말해주었고, 그녀가 평소 입던 옷들이 그녀를 가장 뚱뚱하게 보인다는 사실을 깨달아서 일 것이다.

여기서 끝난 것이 아니다. 직접 쇼핑 플레이스를 찾아가 그녀의 체형을 살릴 수 있는 이론상의 옷들을 입혀주었다. 놀라운 변화가 있었다. 그녀의 평생 고민이었던 하체가 뚱뚱해 보이지 않았다. 나는 최대한 그녀의 얇은 허리를 집중할 수 있는 옷을 선택하였고 하체는 가리기 위해서 스키니가 아닌 원피스와 스커트를 주로 사도록 권유했다. 또한 바지도 스키니가 아닌 와이드팬츠(허벅지부터 발목까지 전체적으로 루즈한 핏의 허리선이 높은 하이웨이스트 형태의 바지)를 입혔다.

내가 봐도 그녀가 평소보다 8kg정도가 빠진 몸매로 날씬해 보였다. 첫 번째 나의 실험대상이 된 그녀를 통해 체형 컨설팅과 실습을 더 구체적으로 확장해갔다. 그리고 남성에게도 적용하였다. 남성은 키가 더 커 보일 수 있도록, 어깨가 더 넓어 보이고, 남성적으로 보일 수 있는 방법을 알려주기 시작했다. 재킷의 모양, 단추의 개수, 바지 주름의 정도, 핏과 통의 정도의 차이 등 디테일한 부분까지 자신에게 맞는 맞춤형 옷의 디자인을 가르쳤다.

1년이라는 시간 동안 몇백 명 이상의 고객들에게 체형과 옷의 관계를 알리기 시작하면서 정말 수많은 피드백이 나에게 돌아왔다. 처음에는 체형의 중요성을 모르는 사람들은 콧방귀를 뀌었다. 하지만 시간이 지날수록 결과는 달라졌다. 옷 입기가 즐거워지기 시작했다는 반응부터 시작해서, "옷을 정말 잘 입게 되었다. 사람들이 스타일을 칭찬하기 시작했다"는 좋은 피드백이 많이 왔다. 그중에서도 몇 가지 피드백을 소개한다.

-

체형 스타일링 컨설팅을 받으면서 들었던 느낌은 뭔가 뒤죽박죽이었던 옷에 대한 생각이 정리되는 느낌이었다. 어떤 스타일이 어울리고 왜 이게 나에게 어울리는 건지 내 체형을 기반으로 한 기하학적인 설명을 들으니 너무 속이 시원했다. 결국 내가 옷을 못 입었던 이유는 이거였던 것이다… 활달해 보이는 느낌이 좋아서… 이런 모호한 기준으로 옷을 골라서… 컨설팅을 통해 내 체형이 중심이 되는

'기준'을 갖게 된 것 같다. 정확한 신체 사이즈를 측정하고 그 사이즈로 인터넷에서 옷을 고르는 팁까지 들으니 자신감까지 생기는 듯했다. 팁과 더불어 같이 몇 가지 옷을 골라보는 시간은 특히 도움이 되었다. 마지막에 "아무리 내게 잘 어울린다고 해서 옷에 나를 맞출 수는 없다"라는 선생님의 이야기가 참 와닿았다. 내가 추구하는 철학을 담되 내 체형에 어울리는 옷으로 내 옷장이 어서 가득 찼으면 좋겠다. 오랜만에 쇼핑을 생각하며 설렘을 느낀다. 이토록 마음이 편해지고 자신감이 생긴 걸 보면(아직 갈 길은 멀지만) 리한나 선생님과의 시간은 정말 가치 있는 시간이었다.

-

평소 아주 평범하고 심플하게 입고 다니는 스타일이다. 새로운 스타일에 도전해 본적이 없어서 일반인도 할 수 있는 컨설팅을 찾다가 리한나 선생님의 블로그를 만나서 문의하게 되었다. 문의 중에 평범한 옷 위주로 사신다면 거의 자신에 대해 잘 모르기 때문이라는 말에 이끌려 추천해주신 체형 스타일링 컨설팅을 신청하게 되었다. 우선 나의 사이즈를 정확하게 재고 나서 나의 체형에 맞는 상담을 해주셨다. 내 체형의 장단점은 알고는 있었지만 단점을 가리는 정도로만 생각했었는데… 상담하며 들은 내용처럼 이렇게 철저하게 체형을 보완해서 입을 생각은 못했다. 그리고 그

저 경험상 '나는 파워 숄더, 목이 답답한 게 안 어울리네'라는 생각을 했는데 체형 분석결과를 듣고 나서 왜 그랬는지도 객관적으로 이해할 수 있게 되었다. 추천해주신 스타일이 평소에 즐겨 입던 것도 있지만 전혀 시도해 보지 않은 것도 많아서, 스타일링 폭이 넓어질 수 있는 기회가 될 것 같다. 내 이미지에 대한 조언도 짧게 해주셨는데, 주옥같았다. 컨설팅해주시는 대표님이 눈썰미가 정말 좋으시다.

'왜 자신의 옷을 선택할 때 체형을 알아야 할까?' 를 한마디로 정리하자면 이러하다.

"아름다운 것들은 모두 보기 좋은 비율을 갖고 있다"라는 것이다. 특히 자연물을 보면 모두 일정한 비율을 갖고 있다. 사람이 보기에 좋은 비율 말이다. 반대로 무언가 어색하고 예뻐 보이지 않는 것들을 파헤치면 사람의 눈으로 보기에 좋지 않은 비율을 갖고 있다. 사람이 보기에 좋은 비율을 황금비율이라고 한다. 1:1.618이라는 비율은 그리스 수학자이자, 철학자인 피타고라스가 정의하였다. 인간이 보았을 때 가장 매력적으로 보이는 비율이 있다는 사실은 아마 머리로는 다 알고 있을 것이다. 예를 들어 계란형의 얼굴형을 가진 사람들은 우리는 아름답고 예쁘다고 말한다. 또한 유명한 애플의 로고는 황금비율을 대입해 보았을 때 90%가 일치한다고 한다.

이렇듯 황금 비율은 인테리어, 가전제품, 건축물 등 사람에게 시선을 주목시켜야 하는 다양한 분야에서 적용하고 있다. 레오나르도 다빈치의 모나리자의 인체비례도 또한 황금비율의 법칙이 숨어 있는 것을 발견할 수 있다. 이 황금비율의 법칙을 스타일링에 적용하면 어떻게 될까? 모든 옷에는 수백 가지 종류의 기장과 디테일이 있다. 그리고 수많은 디자인이 존재한다. 나의 체형을 파악한 뒤 나의 비율을 황금비율에 최대한 맞추는 옷의 디자인을 선택하면 내가 좀 더 매력적으로 보일 수 있다는 결론이 나온다.

또한 나의 체형을 고려하지 않고 옷의 기장이나 디테일, 사이즈를 선택하게 되면 옷의 가격과 나의 철학과 상관없이 아름다워 보이지 않는다는 결론이 나온다. 수많은 사람들은 키, 몸무게, 어깨너비, 높낮이, 다리 길이, 힙의 위치, 팔 길이, 골반의 넓이 등이 다르다. 이렇게 수많은 경우의 수가 있는 데 똑같은 디자인, 똑같은 사이즈를 입는다? 아마 획일화 되어 있는 시중의 기성복을 살 경우 나에게 맞는 옷을 찾는 것이 더 어려울 것이다.

옷을 더 멋있게 입기 위해서 제일 우선이 되어야 하는 것은 나의 체형을 구체적으로 파악하는 것이다. 그 후에 나에게 맞는 옷의 디테일을 하나하나 알아보아야 한다. 이렇게 간단한 연구만으로도 한층 쇼핑에 성공하는 사람이 될 수 있다. 나는

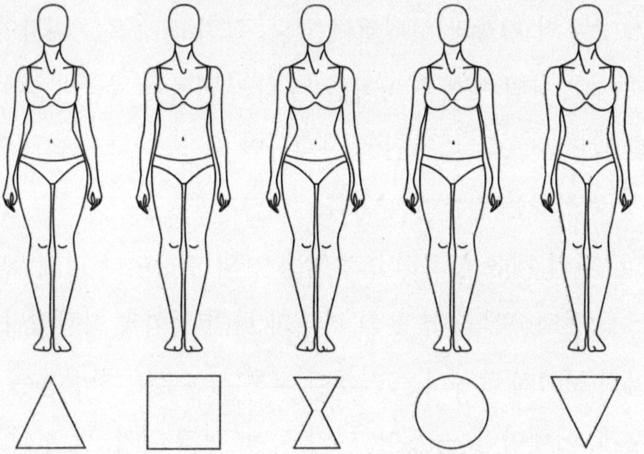

먼저 체형의 단점을 더 돋보이는 방법을

자신도 모르게 선택하고 있지는 않은가 체크하라!

옷을 입지만 자신의 단점이 유난히 커 보이는 사람들이 있다면 꼭 말해주고 싶은 점이 있다.

당신은 정말 체형이 좋지 않은 사람일까? 자신의 체형 비율이 좋지 않다고 생각하는가? 자신의 체형의 비율을 객관적으로 체크한 적은 있는가? 체형의 단점이나 콤플렉스의 크기 때문에 거울 속의 모습이 못나 보이는 것이 아니다. 먼저 체형의 단점을 더 돋보이는 방법을 자신도 모르게 선택하고 있지는 않은가 체크하라!

매일 벌거벗고 다니지 않는다면 자신의 단점이나 좋지 않은 비율은 의도적으로 보여줄 필요가 없다. 지금 당장 자신의 체형파악을 시작한다면 누구나 황금비율에 맞게 보일 수 있다. 선택하라. 자신의 단점을 그대로 드러내고 다닐 것인지, 아니면 장점을 더 돋보이게 하는 옷을 고를지를.

디테일의 힘, 액세서리

"신발을 보면 그 사람의 성격을 90% 이상 알 수 있다."

미국 캔자스 대학의 연구진

길거리에 나가면 매년 쏟아지는 새로운 종류의 액세서리들이 펼쳐져 있는 것을 쉽게 볼 수 있다. 당신의 머릿속에 떠오르는 그 액세서리는 귀걸이인가? 팔찌인가? 사람들은 액세서리 하면 대부분 쥬얼리를 떠올린다. 귀걸이나 반지, 팔찌 등 말이다. 그래서 남성들은 "액세서리 자체는 나와는 전혀 상관없어"라고 말하기도 하다. 하지만 옷과 친해지고 싶다면 이러한 당신의 고정관념을 깨야 한다.

누가 액세서리를 쥬얼리로 단정 짓기 시작했는가? 진정한 액세서리의 정의는 당신을 표현할 수 있는 의복이 아닌 모든 아이템을 말한다. 쥬얼리 뿐만 아니라 모자, 안경, 가방, 신발, 스타킹 그리고 핸드폰 케이스 등도 액세서리라고 할 수 있다.

당신의 액세서리를 살펴보자. 자신이 가지고 있는 그 아이템이 당신을 표현 해주고 있는가? 아니면 자신의 콘셉트와 본연의 모습을 나타내는데 방해를 하고 있는가? 아니면 표현하고 있는지 표현하지 않고 있는지조차 모르겠는가? 나는 감히 말하고 싶다. 정말 스타일리시해보이고 싶다면 옷만 신경 쓰는 것이 아니라 자신이 들고 다니는 액세서리에 신경을 써야 한다고 말이다.

나는 액세서리를 굉장히 좋아한다. 좋아하기 시작한 첫 경험을 떠올리자면 아마 유치원 때로 돌아갈 수 있을 것 같다. 매일 아침 유치원에 가기 전 엄마한테 나는 말했다. “엄마, 나 오늘은 이 가방 메고 갈 거야”, “엄마 나 오늘은 이 옷을 입었으니까 이 신발을 신어야 해.” 그 조그마한 어린아이에게 무슨 생각이 있었던 걸까? 어렴풋이 기억나지만 내가 하고자 하는 액세서리의 목적은 정확했다. 바로 나를 표현하고 싶었던 것이다. 나는 알고 있었다. 옷보다 액세서리가 나를 표현하기 더 쉽다는 것을 말이다.

이러한 나의 생각은 성장하면서 계속 이어져 왔다. 그래서 항상 액세서리를 모으는 게 취미가 되었다. 여러 가지 종류,

다양한 컬러의 액세서리를 모았다. 특히 아무도 갖고 있지 않을만한 아이템을 선택하는 것을 즐겼다. 어디에서도 보기 힘든 디자인 말이다. 아마도 나는 남들과 비슷하고 싶지 않았던 것 같다. '나는 남들과 달라요'라는 나의 내면의 소리를 액세서리로 표현한 것이다.

여기에 스타일의 비밀이 있다. 액세서리는 단순한 물건이 아니다. 귀걸이, 가방, 넥타이, 신발 등은 하나하나 단독적으로 있으면 의미가 없다. 하지만 나라는 사람과 어울리는 액세서리가 만나는 순간 그 힘은 엄청나게 커진다. 사람들은 내가 한 액세서리를 통해서 그날 나의 기분을 파악할 수 있다.

첫 만남의 자리에서 자신이 매력적인 여자라는 것을 목걸이를 통해 표현할 수 있다. 내가 조용한 사람인지, 당당한 사람인지, 자유로운 영혼인지, 매우 똑 부러지는 사람인지를 작은 물건을 통해서 표현할 수 있다는 것이다. 사람들이 이 사실을 알고 있다면 직장인들이 마치 복사와 붙여넣기를 한 것처럼 같은 아이템, 신발, 액세서리를 하고 있지는 않을 것이다.

스타일에서 가장 큰 부분을 차지하고 있는 옷만으로는 자신을 100% 표현하기란 쉽지 않다. 하지만 같은 옷이라 할지라도 액세서리를 통해 전혀 다른 옷으로 보이게 할 수 있다. 두 여자가 있다고 하자, 두 사람은 같은 옷을 입고 있지만 전혀 다른 사람이다. 두 사람이 다른 사람이라는 것을 어떻게 나타낼 수 있을까? 두 여성의 성격과 마인드, 콘셉트, 사람들에게 보이고자 하는 이미지를 액세서리를 통해서 나타낼 수 있을까?

예를 들어 두 여성이 똑같은 올 블랙의 정장을 입었다고 치자. 한 여성이 표현하고 싶은 이미지는 섹시함이다. 그렇다면 어떤 액세서리를 사용해야 할까? 블랙 정장으로 섹시함을 100% 표현하기는 쉽지 않다. 그렇기 때문에 레드 계열의 굽이 높은 힐을 신거나, 섹시함을 상징하고 있는 여성스럽고 매혹적인 문양의 큰 귀걸이를 하면 그녀가 표현하고자 하는 바를 이룰 수 있다.

다른 한 여성이 표현하고자 하는 것은 단정하고 똑똑한 커리어 우먼의 느낌이다. 그렇다면 액세서리는 달라져야 한다. 내가 이 여성을 스타일링한다면 일단 단정함을 표현할 수 있는 진주 귀걸이를 착용시킬 것이다. 또한 똑똑한 커리어 우먼의 이미지를 주기 위해서 신뢰감을 상징하는 파란색 컬러의 스카프를 사용하여 재킷 속에 매치시킬 것이다. 또한 커리어 우먼의 느낌을 강조하기 위해서 최대한 각이 딱 잡혀 있는 블랙 가방을 들게 할 것이며 신발은 최대한 단정한 느낌을 내기 위해서 광택감이 없는 고급스러운 가죽소재의 기본모양의 힐을 신길 것이다. 지금 이 두 여성만 비교하더라도 그 사람의 이미지를 표현하는데 있어서 의상보다 액세서리가 많은 영향을 미치고 있는 것을 알 수 있다.

이렇게 한 사람의 이미지를 나타낼 수 있는 것이 바로 액세서리이다. 액세서리가 많이 있으면 카멜레온 같은 사람이 될 수 있다. 그렇다고 액세서리에 사치를 하라는 것이 아니다. 옷만으로 자신을 표현할 수 있다고 생각했다면 당신의 생각을 조금 돌아보라는 이야기이다. 만약 액세서리가 거의 없었다면 그만큼 다른 사람에게 단조롭고 평범한 사람으로 보일 수 있을 거라는 생각을 해야 한다. 여성, 남성 구분이 없다. '이건 여성에게만 해당하는 이야기야'라고 생각한다면 큰 오산이다. 왜냐하면 여성에 비해 옷의 디자인의 종류가 많지 않은 남성들이 여성들보다 액세서리에 더 큰 신경을 써야 한다.

하나의 아이템은 남성의 품격을 바꿀 수 있다. 나는 스티브 잡스가 떠오른다. 스티브 잡스는 IT 계열의 직종의 사람이었다. IT 계열은 아이디어가 많은 사람이어야 한다. 평범하면 안 된다. 그는 무엇이 달랐을까? 그는 중요한 신제품을 발표하는 프레젠테이션 자리에서 검정 목폴라에 청바지 그리고 구두가 아닌 운동화를 신고 나왔다. 그 당시 많은 사람들은 프레젠테이션 자리에서는 정장에 구두를 신어 스타일을 갖춰서 나와야 한다는 보이지 않는 고정관념을 갖고 있었다. 하지만 스티브 잡스가 그 틀을 깨버렸다.

그는 생각이 달랐다. 무언가 자유로워 보였다. 액세서리를 잘 활용한 것이다. 만약 그가 올 블랙 정장에 검정 구두를 신고 프레젠테이션 자리에 나왔다면 그 사람이 아이폰이라는 틀을 깨는 현대 최고의 모바일 기기를 만들었다는 사실을 인정하는 데 있어 스타일로서 표현이 되지 않았을 수도 있다. 아이폰이 어떤 핸드폰인가? 평범함을 깬 기계이다. 지금까지는 없었던 새로운 물건이다. 아이폰을 만든 스티브 잡스는 매우 평범하지 않으며 자신만의 생각이 확고한 사람이라는 것이 증명됐다. 그의 운동화와 동그란 안경, 갖춰 입지 않은 스타일과 액세서리는 오히려 그가 아이디어가 뛰어나며 평범한 사람들과 다를 만큼 특이한 사람이라는 사실이 뒷받침된다.

스티브 잡스를 통해서 액세서리는 그 사람의 이미지만을 표현할 수 있는 것을 뛰어넘어 그 사람의 삶, 그 사람 자체를 표현하고 있다는 사실을 발견할 수 있다. 이게 디테일, 액세서리의 힘이다.

나는 이렇게 액세서리를 활용하여 자신의 커리어나, 자신의 존재를 표현하는 사람들을 계속 관찰하면서 액세서리의 힘을 배워갔다. 그 이후로 중요한 날이 아닌 평범한 날에도 나를 표현하기 위해서 액세서리를 많이 활용하기 시작했다. 신경 쓰지 않고 있었던 우산, 텀블러, 필통, 파우치 등도 나를 드러낼 수 있는 액세서리로 통일시키기 시작했다. 결과는 매우 만족스러웠다. 액세서리로 나를 표현할 수 있는 사실은 액세서리를 활용해 본 사람만이 느낄 수 있다. 사람들은 모두 자신이 표현되지 않으면 내면의 답답함을 느낄 수밖에 없는 동물이다. 그렇기 때문에 표현이 되지 않으면 이유는 몰라도 자존감이 떨어질 수밖에 없다.

이 사실을 알기에 내가 당당해지고 싶을 때 조금 더 당당함을 표현할 수 있는 귀걸이를 사용하고, 여성스러워 보이고 싶을 때 여성스러워 보이는 신발을 선택함으로써 나를 표현하는 것을 멈출 수 없었다. 사람들에게도 내가 표현하고자 하는 그날의 이미지 그대로 피드백을 받았다. 결과적으로 이러한 사실들은 패션을 어려워하는 사람에게 가장 알려주어야 할 비밀이라는 것을 확신했다.

정말 신기하게도 스스로 스타일이 좋지 않다고 생각하는 사람들은 거의 액세서리를 하고 있지 않았다. 남녀노소 불문이었다. 또한 전혀 자신의 이미지와 맞지 않은 액세서리를 하고 있는 사람도 있었다. 또한 액세서리를 착용했다고는 하나 너무 과하거나 너무 밋밋한 액세서리를 착용했다. 나는 조금 더 구체적인 스타일링 가이드가 필요함을 느꼈다.

액세서리 중요성을 알려야 했으며 구체적인 액세서리의 종류에는 무엇이 있으며, 어떻게 활용하면 자신을 표현할 수 있는지, 교육이 필요함을 느꼈다. 그래서 액세서리 심화 수업을 만들게 되었다. 모든 사람은 프레임을 가지고 있다. 자신이 가지고 있는 경험, 공간 안에서만 생각할 수 있기 때문에 배우지 않고 알려주지 않고서 스타일 또한 변하기 쉽지 않다. 액세서리를 평생 평범하게 해 본 사람에게 과감한 액세서리를 착용하라는 것은 마치 호랑이 굴에 들어가 보라고 하는 것만큼 무서울 수 있다는 것이다. 그래서 수업이 꼭 필요했다.

스타일 아카데미를 통해 액세서리의 중요성을 교육하면서 한 여성이 변하기 시작했다. 이 여성은 의복과 액세서리를 통해 자신을 표현할 줄 모르는 여성이었다. 이 여성을 처음 보았을 때 하고 있는 액세서리는 자신의 얼굴을 다 가리는 블랙의 큰 뿔테뿐이었다. 그 외에 액세서리는 없었다. 옷 또한 청바지에 어두운 점퍼 밖에 기억이 나지 않는다. 하지만 수업을 듣고 그녀가 달라지기 시작했다. 아이템으로 자신을 표현하기 시작한 것이다.

그녀가 아이템을 착용하지 않았을 때 내가 보는 그녀의 이미지는 '무난함과 소심함'이었다. 그것이 그녀의 첫인상이었다. '나는 그녀가 바뀔 수 있을까? 바뀌어도 얼마나 바뀔 수 있을까?'라고 생각했다. 하지만 교육의 힘은 대단했고 액세서리의 힘은 무한대였다. 마지막 수업날 그녀를 보고 나는 첫눈에 반했다. 그녀의 패션은 180도 달라져 있었다.

특히 달라진 것은 액세서리였다. 그녀는 처음 봤을 때 머리

옷만큼 중요한 디테일,
액세서리의 힘,
그 힘은 단연코 위대하다.

스타일로 얼굴을 가리고 있었는데 내가 생각하지도 못한 액세서리를 착용하고 수업에 나왔다. 바로 헤어터번이었다. 헤어터번은 이슬람교도나 인도인들이 머리에 둘러 감는 수건에서 유래된 고무줄이 들어가 있는 머리 띠 형식의 액세서리이다. 그녀는 검정 머리를 터번을 통해 들어 올리고 얼굴을 시원하게 드러냈다. 그래서 이목구비가 또렷하게 보였다. 또한 터번을 통해 잘 보이는 귀에는 반짝거리고 축 늘어지는 큰 귀걸이를 하고 왔다. 귀걸이는 마치 파티 장에 걸린 고급스러운 샹들리에처럼 화려했다. 그녀에게 너무나도 잘 어울렸다.

잘 어울리는 액세서리는 그녀를 달라보이게 만들었다. 만약 길거리에서 그녀를 본다면 한 번 더 내 고개를 돌려 그녀를 다시 볼 것이다. 나는 그녀의 속마음이 너무 궁금했다. 어떻게 이렇게 변할 수 있었으며 이런 액세서리를 선택할 수 있었는지가 말이다. 그녀는 정말 간단하게 대답했다.

"액세서리의 중요성을 배우고 패션으로 나를 표현할 수 있다는 것을 선생님께 배우고 나서 같은 쇼핑장소에 갔는데 지금까지 안 들어왔던 것들이 눈에 보이기 시작했어요. 새로운 세상이 열린 것 같았어요. 똑같은 장소에 가도 보이지 않은 것들이 보이고 그 액세서리를 했을 때 나는 당당해졌어요. 표정이 바뀌고 목소리가 커지기 시작했어요. 이제 내가 뭘 원하는지 알 것 같아요."

나는 그녀의 변화를 통해서 다시 한 번 확신했다. 이 일을 계속 해야겠다고 말이다. 그리고 패션이 더욱 좋아졌다. 한 사람의 인생을 변화시키니 말이다. 액세서리의 힘은 한 사람의 마인드와 성격을 바꾼다. 당신이 무시했던 작은 액세서리가 당신이 10년 뒤에 만나게 될 옆에 사람을 바꿔버릴 수도 있다. 당신이 근무할 직장을 바꿀 수도 있다.

옷만큼 중요한 디테일, 액세서리의 힘, 그 힘은 단연코 위대하다. 얼마 뒤 나는 세상에서 가장 자유롭고 행복한 여름휴가를 떠난다. 오늘도 난 이 여행에서 나를 표현하기 위하여 세상에서 가장 자유로운 느낌을 낼 수 있을 것 같은 샌들을 고르러 간다.

그럼에도 가장 중요한 도구

지금까지 패션은 도구이며 이것을 잘 활용하면 옷을 잘 입을 수 있다는 사실을 알게 되었을 것이다. 강점이미지, 컬러, 체형, 액세서리 이 네 가지는 당신의 패션을 빛낼 수 있는 중요한 도구들이다. 그렇기에 누구나 자신에게 맞는 도구를 찾고 활용법을 배워야 한다. 어떤 작업을 하기 위해서는 여러 가지 도구가 필요하다. 공부를 하기 위해서 연필, 지우개, 공책, 컴퓨터 등이 필요하듯이 말이다.

대체로 작업의 종류에 따라 가장 중요한 도구가 있다. 어떤 도구는 없어도 대체가 가능하지만 없으면 안 되는 것이 존재한다. 이것이 가장 중요한 도구가 된다. 스타일이 좋아지기 위해서도 가장 중요한 도구가 무엇인지 알아야 한다. 스타일에도 체형이나 컬러, 액세서리를 활용하지 못한다고 해도 꼭 사용해야 할 것이 있다. 무엇일까?

체형이나 컬러 등 그동안 배운 패션의 도구들의 공통점이 무엇인가? 모두 자신이 주체가 되어야 한다는 것이다. 또한 나에게 맞는 것이 무엇인지 파악하여, 본인의 매력을 표현하기 위해 활용하라는 것이다. 강점이미지도 마찬가지다. 자신의 강점을 찾은 후 스타일을 통해 강화해야 한다. 공통사항은 나 자신이 들어간다는 사실이다.

지금까지 이 책을 읽었다면 내 자신이 명품이라는 사실은 어느 정도 인정하게 될 것이다. 하지만 아직도 갸우뚱하는 부분이 있을 수 있다. '명품인 것도 알겠고 내가 지구상에 한 명밖에 존재하지 않아 희귀성이 있다는 것도 알겠다. 아무리 그래도 시중에 나온 명품이 명품이지. 나는 나일 뿐이고'라고 생각할지도 모른다. 만약 아직도 이런 생각을 가지고 있다면 자신이 주체가 된 스타일링을 할 수 없다.

가장 중요한 도구의 정체는 무엇일까? 그것은 바로 사람의 마음이다. 내가 주체된 패션으로 변화하기 위해서 바뀌어야 할 도구는 내면이라는 것이다. 당신에겐 체형이 비록 마음에 들지 않더라도 인정하고 사랑하고 보완하여 강화시키려는 마음가짐이 필요하다. 강점이미지를 찾기 위해서는 마음 자체에 내 자신의 있는 그대로의 모습을 받아들일 마음의 준비가 필요하다.

마음, 참 쉽고도 어려운 단어이다. 사람의 마음만큼 쉽게 변하는 것이 없기 때문임을 알기에.

그럼에도 불구하고 나를 주체로 바꾸고 마음을 도구로 잘 써야 하는 이유가 반드시 있다. 마음이야말로 나의 모든 스타일 영역을 한 번에 바꿔버릴 수 있는 강력한 설득자의 역할을 할 수 있는 도구이기 때문이다. 자신이 잘났거나 못났거나는 중요하지 않다. 마음이 건강한 사람이 자신의 객관적인 외면과 상관없이 스타일리시할 확률이 훨씬 높다.

최근에 '아이 필 프리티'라는 영화를 봤다. 이 영화는 마음의 중요성을 잘 말해주는 영화이다. 외모지상주의 사회에 살고 있는 여자 주인공은 누가 보아도 뚱뚱하고 못생긴 여자이다. 그런 자신을 향한 사회의 시선에 대해 한없이 자존감이 낮은 마음의 상태를 갖고 있다. 그녀는 길거리를 지나가다가 예쁜 여성을 보고 말을 건다.

"어떤 기분인지 궁금해요. 누가 봐도 예쁜 기분, 온 세상이 나에게 마음을 여는 기분, 당신처럼 생겨야만 알 수 있는 거잖아요."

그녀는 오로지 자신이 예쁘지 않기 때문에 자신의 스타일도 좋지 않고, 무엇을 해도 사람들이 자신을 좋아하지 않을 것이라는 맹렬한 확신을 갖은 채 하루하루를 살아간다. 그러던 어느 날 자신의 외면에만 집착하면서 살을 빼기 위해 고군분투하다 스피닝 클럽의 기구에서 떨어져 머리를 다치게 된다. 그 후 갑자기 거울 속의 자신을 예쁘다고 느끼기 시작한다. 아무것도 변하지 않았지만 그녀의 마음이 달라졌다.

그이후부터 주인공의 삶이 바뀌기 시작한다. 자신이 예쁘고 매력 있는 사람으로 느끼기 시작한 후, 마음의 모양이 바뀌기 전에는 절대로 지원하지 못했던 최고의 일자리에 자신감만으로 합격하고, 한 번도 연애를 해보지 못한 그녀가 사랑에도 성공한다. 그녀는 자신을 최고로 아름답다고 생각한다. 내가 가장 흥미를 느꼈던 부분은 그녀에게 실제론 아무것도 변한 것이 없다는 사실이다. 단지 자신의 외모가 바뀌었다고 환상에 빠진 것이다.

이 착각만으로 모든 것이 달라지기 시작했다. 어느 날 머리를 한 번 더 다치고 그녀는 외모가 바뀐 것이 아니라 자신의 마음만 달라졌음을 깨닫는다. 그리고 자신에게 중요한 건 외모가 아니라 내면이라는 것을 깨닫고 자신의 모습을 사랑하며 당당하게 살기 시작한다.

이 영화는 코끝을 찡하게 만든다. 주인공의 대사들은 우리를 말해주고 있는 듯하다. 정작 중요한 것을 잊은 채 외면에는 관심을 갖고 있지만 돌아보아야 할 마음의 모양이 찌그러

졌는지는 체크해보지 못하는 게 현실이다. 외적이미지를 바꾸기 위해서 스타일을 바꿔보고 여러 가지 시도를 해봤지만 실패를 통해, 주변의 시선 때문에 모양이 망가져 있는 사람들이 있다. 스타일을 바꾸기 위해 여러 가지 도구를 사용해 보았으나 실패했다면 마지막으로 자신의 마음의 모양을 체크해 보아야 한다. 모양이 화가 나있지는 않은지, 슬퍼하고 있지는 않은지 말이다. 진정한 이미지 메이킹이란 마음이 바뀐 다음 스타일을 통해 내면의 건강함을 비추는 것이다. 이미지(image)의 어원은 라틴어 이마고(imago), 즉 '마음의 모양'이듯이 마음이 바뀌어야 이미지도 바뀌는 것이다.

체형과 컬러를 파악하고 강점이미지를 체크하기 위해 고군분투하기 전에 당신이 꼭 해야 할 한 가지가 있다. 그것은 거울 속 자신을 바라보는 것이다. 그리고 당신의 얼굴을 보고 웃어주는 것이다. 쉽지 않을 것이다. 마음의 모양이 건강하지 않을수록 말이다. 하지만 초반에도 얘기했듯이 사람의 마음은 쉽게 변한다. 오히려 지금 상태에서 마음이 변하지 않는 것이라면 희망이 없다. 그러나 훈련과 시도를 통해 당신의 마음의 상태는 달라질 수 있다.

가장 중요한 도구를 내일부터 다듬기 시작하는 것은 어떨까? 어떠한 모양인지는 상관없다. 그 모양이 울퉁불퉁한지 부드러운 지가 중요하다. 각지고 모난 면들이 부드러워 지기 시작할 때, 스타일은 자연스럽게 변한다. 내가 입고 있는 옷이 예뻐 보이기 시작할 것이다. 당신의 헤어스타일이 멋스럽게 느껴질 것이다.

실제로 마음이 바뀌고 스타일도 건강하게 바뀌게 된 한 여성이 있다. 그녀가 과거에 어떤 사람이었는지 나는 알지 못했다. 하지만 그녀의 첫인상을 통해 과거를 짐작할 수 있었다. 이 여성은 아기를 돌본다는 핑계로 자신의 외적인 스타일을 돌보지 못하는 평범하고 흔한 30대 후반의 여자였다. 그녀에게 무슨 일이 있었던 것일까? 그녀는 30대 초반에 파혼을 겪었다고 한다. 그 후 좌절감 때문에 자기 자신을 채찍질하기 시작했다. 자신이 못났던 건지, 무엇이 문제인지 파악하지 못했다. 오랜 기간 그렇게 살면서 스타일 또한 망가지기 시작했다. 자신에 어울리는 게 도통 무엇인지, 그 흔한 립스틱 컬러로 모를 정도였다.

하지만 생각이 바뀌었다. 삶의 희망을 찾고 정신을 차리기 시작한 것이다. 그 후 시간이 흐른 뒤, 좋은 사람을 만나 결혼을 하고 세상에서 가장 예쁜 아기까지 얻게 됐다. 그렇게 정신없이 살다 보니 자신은 없었다. 평범한 엄마의 모습으로 스타일이 변한 것이다. 그녀는 과거의 자신으로 돌아가고 싶지 않았다고 했다. 하지만 스타일은 과거에 머물러 있었다. 스타일에 다시 도전해 보고 싶다고 말하는 그녀가 멋있었다. 긴 대화를 통해 그녀는 마음이 행복한 사람이라는 것을 느낄 수 있었다. 정말 중요한 도구인 마음이 고난과 실패를 통해 다듬어진 것이다. 과거에는 비록 울퉁불퉁한 모양이었으나 여러 가지 일을 겪은 그녀의 마음은 매우 부드러워졌다. 이 사실은 목소리와 말투, 그리고 태도를 보고 알 수 있었다.

마음이 준비된 사람은 스타일을 바꿀 준비 태세가 되어있는 것과 같다. 그녀에게 중요한 건 현재 행복한 마음과 같이 외면을 바꾸는 것이었다. 첫째로 강점이미지를 찾아주고, 체형을 분석했다. 그녀는 자신의 강점이미지를 또렷하게 알고 있었다. 밝은, 당당한, 행복한, 이 세 가지가 그녀가 전하고 싶은 이미지였다. 나는 예쁜 마음의 모양처럼 밝고 건강한 이미지를 옷으로도 표현하게 되면 당신이 더욱더 행복해질 것이라고 말했다.

스타일 컨설팅을 통해서 비비드하고 밝은 색을 통하여 마음의 모습 자체를 표현할 것을 권했다. 그리고 화장품 또한 밝은 톤으로 바꾸라고 했다. 그 외에도 각각의 도구를 통해서 그녀의 실제적인 외면을 변신시키기 시작했다. 가장 중요한 도구인 마음은 준비되어 있었지만 오랫동안 스타일에 신경을 쓰지 않았기 때문의 그녀의 옷장에는 자신에게 어울리는 옷이 한 벌도 있지 않았다. 컨설팅을 하러 올 때도 항상 남편의 티셔츠를 입고 왔다. 쇼핑이 시급했다. 컨설팅을 통해 목표를 설정한 후 함께 동행쇼핑을 했다. 내면과 외면이 일치할 수 있는 스타일, 밝고 통통 튀는 의상들을 입혔다.

새로운 스타일을 도전하기 시작한 그녀는 마치 소풍을 간 어린아이처럼 마냥 행복해했다. 그리고 어두운 옷을 벗어 던진 그녀의 이미지는 한 겹 벗겨진 듯 신선해 보였다. 하루, 이틀 그녀의 모습이 변하기 시작했다. 내면에 집중된 외면은 나다움이 발견된 스타일을 만들어 갔다.

또한 이 여성은 시도 때도 없이 나에게 질문하고 알려준 스타일링들을 복습했다. 그 모습이 아름다웠다. 그녀는 자신의 마음의 모양이 부드러워지고 어려움을 이긴 사실을 자신처럼 어려움을 겪은 여성들에게 알려주고 싶다고 말했다. 그래서 책을 쓰기 시작했다. 지금도 그녀는 책을 쓰고 있다. 작가가 되는 것이다. 나는 작가가 되려면 더욱더 스타일에 신경을 써야 한다고 말했다. 그녀의 책을 읽고 싶어 하는 독자가 글을 보면 행복해 보이는데 사진 속 스타일과 겉모습을 보니 전혀 행복해 보이지 않는다면, 책의 진정성이 작아지기 때문이다.

자신의 행복한 마음을 글로써, 패션으로써 표현하고자 하는 모습은 참 올바른 스타일링이라 할 수 있다. 그녀를 통해 확실히 알 수 있는 점은 패션에서 가장 중요한 도구는 마음이라는 사실이다. 자신이 주체가 되어 도구를 자유롭게 쓰는 사람, 그 사람이 바로 패션 인이다. 그리고 행복한 옷 입기이다.

Part5

패션 인으로 거듭나기

인생을 바꾸는 시작점, 목표설정 하기

"목표는 막연한 꿈이 아니라 기술이다."

브라이언 트레이시

지금까지는 당신의 본연의 매력을 찾고 스타일을 개선할 수 있는 이야기를 했다. 그 중에서 가장 중요한 것 하나를 뽑자면 뚜렷한 목표설정이라고 할 수 있다. '뭐 옷을 잘 입으려면 목표설정까지 해야 하나?'라고 생각할 수도 있다. 옷은 매일 입고 누구나 입는다. 하지만 옷을 잘 입어보기 위해서 목표설정까지 하는 사람은 드물다. 하지만 적어도 목표설정을 시작하고 옷을 입는 사람이 옷을 못 입지는 않는다. 당신은 세상에 하나밖에 없는 존재이다. 아주 고귀하고 존귀한 특별한 존재라는 사실이다. 귀한 것은 더 빛날 필요가 있다. 그렇기 때문에 자신을 더욱 빛내 줄 무언가가 있다면 무조건 시도해 보는 것이 좋다.

내가 되고 싶은 대로 변하는 목표설정의 힘

목표 설정의 힘을 가장 뼈저리게 느낀 사람은 바로 나이다. 나는 어렸을 때부터 끌리는 대로 옷을 자유롭게 입은 사람 중의 하나였다. 그 중에서도 캐주얼을 좋아했다. 캐주얼로 나를 표현하는 것을 즐겼다. 시간이 지나 20대 중반이 넘어가면서 스타일이 바뀌기 시작했다. 점점 여성스러운 스타일이 좋아지기 시작한 것이다. 청바지보다는 원피스를 즐겨 입게 됐다. 가끔 예전 사진 속 나의 모습이 그리울 때가 있었다. 그리고 내 스타일에 대한 회의감이 같이 찾아왔다. 지금 여성스러운 나의 모습이 나에게 어울리는 걸까? 캐주얼을 입기에는 너무 나이가 안 맞는 것은 아닐까? 나름 나만의 스타일 기준이 있다고 생각했지만 스타일에 대한 속병이 심했다. 더 나이가 들어 퍼스널 스타일리스트라는 직업을 갖게 되어 대표라는 직책을 얻게 되니 이러한 방황이 더욱 심하게 다가왔다. 일을 할 때는 권위와 위엄을 표현하는 스타일이 필요했기 때문이다.

직업상 원하는 이미지로 옷을 입고 자신을 만들어 낼 수는 있었지만 무언가 불편한 감정을 느꼈다. 제 옷을 입고 있지 않은 듯한 느낌이었다. 그래서 일을 하지 않을 때면 예전의 나의 모습을 찾고자 일부러 캐주얼하게, 어려 보이게 입기도 했다. 다른 사람들의 스타일을 잡아주면서도 정작 나를 찾지 못하고 있다는 것을 깨닫지 못했다.

그러던 어느 날 나는 8주 동안 진행하는 스타일링 수업을 하면서 나를 찾아온 수강생들에게 목표설정의 중요성을 얘기하고 있다는 것을 깨달았다. 수업을 하고 있었지만 정작 나는 어떠한 목표가 있는지 진정으로 생각해 보지 못한 것이다. 그 수업은 “선생님의 스타일의 목표는 무엇인가요?”라는 갑작스러운 질문으로 시작되었다. 당황스러운 질문에 대답은 했지만 완벽한 정답이 아니었다. 일에 치여 나의 스타일 목표는 생각해 보지 못했다. 목표가 없었던 것이다.

아마 이 일을 자리 잡기 전까지는 완벽한 대표의 모습을 만드는 것이 나의 스타일 목표였던 것 같다. 하지만 일이 자리 잡기 시작하면서 더 이상 목표가 없어진 것이다. 왜 내가 옷을 입으며, 이러한 스타일을 유지하는 이유를 잃어버렸다. 그렇기에 재미가 없어지기 시작했다. 목표가 없는 옷 입기는 무섭게 옷에 대한 실증으로 이어졌다. 매일 옷을 보고 공부했지만 목표가 없기에 콘셉트 또한 잃어갔다. 예전처럼 끌리는 대로 옷을 입기 시작한 것이다. 끌리는 대로 옷을 입는 것이 나쁜 것은 절대 아니다. 정말 원하는 옷을 입는 것이 자신의 매력을 표현할 수 있는 첫걸음이기 때문이다. 하지만 목표가 없는 끌림은 중구난방이 될 수 있다. 콘셉트가 없는 사람이 될 수 있는 것이다.

나는 날을 잡고 목표를 다시 세우기 시작했다. 새로운 나의 시작이었다. 더 이상 나는 대표의 이미지만 보이고 싶지 않았다. 현재의 나에게 가장 바라는 스타일은 옷을 즐기고 있는 사람, 대표의 이미지가 아닌 한 번 봐도 기억이 남는 개성 있는 패션 인이 되고 싶은 것이 새로운 목표라는 것을 발견했다. 흔한 스타일을 싫어하는 것은 태어날 때부터 가지고 있던 나의 기질이다. 이런 나를 잘 알고 있기 때문에 스타일로도 나를 있는 그대로 표현하기로 결정했다. 그렇게 목표를 정하면서 나의 강점이미지를 다시 한 번 생각해 보았다. 그리고 그것은 계속 유지하기로 결정했다.

목표를 다시 그려가면서 나는 옷을 입는 것이 다시 즐거워지기 시작했다. 마치 연예인들이 쉴 때는 화장을 안 하고 옷도 대충 입는 상태가 되는 것처럼 꾸미는 것에 질려버린 상태였던 나의 삶에 새로운 바람이 분 것이다. 자신의 모습을 드러내고, 진정으로 원하는 것을 목표로 정하는 옷 입기는 매일의 옷 입기의 즐거운 콧바람을 불러온다.

그렇다면 패션 인으로 거듭나기 위해서 목표설정은 어떻게 해야 할까? 막연하게 자신이 하고 싶은 스타일의 목표를 정하면 되는 것일까? 정답은 'NO' 이다. 막연하게 원하는 목표를 세우는 것은 옳지 못하다. 오히려 스타일을 망치는 지름길이 될 수 있다. 나는 새로운 목표설정을 하고 수강생들에게도 패션 인이 되기 위한 목표를 정하기 위한 여러 가지 방법을 구체적으로 가르치기 시작했다. 그리고 머릿속에 각인시키기 위해 적도록 했다. 수강생들은 여러 가지 목표를 적기 시작했다. 앞으로 스타일링을 신경 쓰고 유지해야 하는 목표가 없다면 우리는 그 스타일을 유지할만한 의지를 가지고 있지 않은 약한 존재이다. 그렇기 때문에 뚜렷한 목표설정은 스타일을 바꾸는 가장 중요한 출발점이다.

수업을 통해 자연스러움이 자신의 최대 무기이고 매력이라는 것을 발견한 한 학생이 있었다. 이 친구는 내추럴하고 자연스러운 스타일을 유지할 것을 콘셉트로 정했다. 목표는 누가 봐도 멋스러운 사람이 되는 것이라고 했다. 최종목표는 옷을 잘 입지 못하는 결혼 예정자인 남자친구의 스타일을 결혼 전까지 직접 바꿔주겠다는 것이었다. 남자친구의 스타일을 바꾸기 위해서는 남자친구를 설득할 만큼 자신의 스타일이 좋아야 할 것이다. 그렇기 때문에 이 수강생의 목표는 무엇보다 매일 자신을 촉진제로 자극했다. 결국 2달 뒤, 스타일링 능력이 매우 향상된 뒤에 남자친구의 쇼핑을 스스로 도와줄 수 있게 되었다. 목표설정을 하고 스타일을 바꾸기로 마음먹은 순간 스타일을 포기하지 않게 된 것이다.

또 다른 수강생은 좀 더 구체적인 목표를 정했다. 첫 번째 수강생은 자극제가 될 만한 목표를 정했다면 이 학생은 스타일리시한 패션 인이 되는 것이 자신의 목표였다. 그렇기 때문에 이 목표를 이루기 위한 구체적인 방법들을 목표로 세웠다. 그 목표는 아주 단순하지만 중요한 사항이었다. 목표를 세우기전 그녀는 거울을 거의 보지 않는다고 했다. 세수할 때, 거울이 있을 때를 빼고 말이다. 하지만 패션 인이 되기 위해 하루 거울을 30분 이상 보는 것을 목표로 적었다. 엄청난 의지와 노력이 필요한 부분이었다.

또한 액세서리로도 자신을 표현할 수 있다는 사실을 깨닫고 나서 일주일에 1개 이상의 액세서리를 구입하겠다는 목표를 정했다. 액세서리를 한 번도 착용해보지 않은 사람이 액세서리를 일주일에 한 번 이상 산다면 그녀는 1년 뒤 반드시 달라질 것이다. 이 두 명의 수강생의 공통점은 무언인가? 자신의 이미지를 바꿔보기 위해서 구체적인 목표를 정했다는 것이다. 이 두 명의 사례를 통해 장기목표와 단기목표가 모두 필요함을 알 수 있다.

아널드 슈워제네거는 "목표를 세운 다음, 이를 머릿속으로 구체적으로 그리라"고 말했다. 그리고 "목표를 실현하기 위한 추진력으로 갈망을 품어라. 목표를 절실히 갈구하고, 그에 따르는 과정을 사랑해야 하며, 목표를 이루기 위해 모든 조치를 취해야 한다"라고 말했다. 또한 세계적인 경영 컨설턴트이자 베스트셀러 작가로 유명한 브라이언 트레이시는 "목표는 막연한 꿈이 아니라 기술이다"라고 했다. 구체적인 목표는 당신의 모습을 다듬기 시작한다.

모든 일을 하기 전 목표설정이 중요하다. 그렇기 때문에 인생에서 중요한 한 부분인 의식주의 '의', 옷 입기에도 목표설정은 필요하다. 당신이 적은 사소한 글자들이 언젠가 당신을 스타일이 좋은 사람으로 만들어 놓을 것이다.

구체적으로 패션 인이 되기로 마음먹었다면 내가 정말 원하는 5년 뒤의 모습을 그려보자. 그리고 그것들을 적어보자. 적을 때는 되도록 형용사로 표현하는 것이 좋다. '여성스러운, 멋진, 신뢰감이 있는' 등 구체적인 콘셉트를 정한다. 그리고 그러한 모습으로 스타일 바뀌어야 하는 목표(이유)를 정한다. 그 목표를 세우기 위한 구체적인 사항들을 목표로 적는 것이 좋다. 주의점은 그 목표가 자신의 본래의 매력과 반대되면 스타일이 좋아지기 어렵다. 반드시 자신이 이 세상에서 명품이며, 존귀한 존재라는 진리에서 출발해야 한다. 자신의 본연의 모습을 확장시켜주는 목표설정은 5년 뒤의 자신의 겉모습을 바꾸어 놓는다. 바뀐 겉모습을 통해 내면은 자연스럽게 변화할 것이다. 패션 인이 되기로 결심했다면 목표설정을 시작해

보자.

현재 나의 스타일(이미지/첫인상)은 ?

①

②

③

5년 뒤 나의 스타일 콘셉트 :

①

②

③

나의 본연의 매력(강점이미지는)? :

①

②

③

스타일이 변해야 하는 나의 스타일 목표(이유):

(스타일이 바뀐 나의 모습을 구체화하고 상상하면서 일어날 일을 적는다).

①

②

③

목표를 이루기 위한 나의 구체적인 약속(단기목표 및 실행해야 할 일들)

①

②

③

옷장 정리, 비우는 것이 반이다

스물아홉이 되는 해에 생에 첫 독립을 했다. 나보다 더 일찍 한 친구들이 많아서 독립하는데 어려움이 있지는 않았다. 한 번도 해본 적이 없었기 때문에 독립에 대한 로망만 품고 막연한 기대와 함께 시작하게 되었다. 독립 후 즐거움, 어려움 등을 통해 많은 깨달음을 얻게 되었다. 그 중에서 내가 깨달은 하나의 사실은 본 집이 최고라는 것이다. 그 동안 내가 공주대접 받고 살았다는 것을 독립해서 뼈저리게 깨달았다.

부모님이 계시는 집에서는 상상하지 못했던 수많은 일이 독립 후 나의 손으로 넘어왔다. 요리, 장보기, 생활비 수납, 청소, 빨래 등 말이다. '부모님은 천사인 걸까'라는 생각이 독립 후에 들었다. '혼자 살아봐야 철이 든다는 말이 괜히 있는 것이 아니구나'라고 느꼈다.

그 중에서도 나를 가장 힘들게 했던 건 청소였다. 독립 후 매일 머릿속을 스치는 엄청난 고민은 다른 것이 아니었다. '왜 먼지는 계속 생기는 거지? 분명히 어제 청소를 했는데 왜 또 더러워진 거지? 또야 또?'라는 고민이 분명 날 힘들게 하고 있었다. 내가 인내심이 없고 게으르다는 사실을 독립하고서 느끼게 된 것 같다. 유달리 왜 청소가 힘들었을까? 그동안은 해주는 사람들이 있었지만 아무도 도와주는 사람이 없으니 내가 하지 않으면 집이 더러워진다는 상식적인 사실을 몸소 느꼈다. 이 깨달음은 나의 삶을 조금 바꿔놓았다.

청소는 매일 해야 하는 것이다. 아무리 오늘 청소를 깨끗이, 꼼꼼히 한다 치더라도 하루가 지나고 새로운 태양이 떠오르면 새로운 먼지가 나를 반긴다. 구정물이 끼고 흉한 냄새가 난다. 만약 하루라도 집 청소를 하지 않으면 며칠 안으로 끔찍한 광경을 목격하게 된다. 나는 독립을 통해 사람의 옷장도 집과 비슷하다는 큰 깨달음을 얻었다. 스타일링을 유지하려면 옷장을 청소해야 한다. 비워내지 않으면 금방 스타일이 망가지게 된다.

개인 스타일리스트라는 직업 3년 차가 되었을 때 많은 사람들의 옷장이 지저분하다는 사실을 알게 되었다. '옷장이 더럽다는 것'은 무엇을 의미하는 걸까?

첫 번째, 옷장을 비워내지 않으면 스타일이 변하지 않는다.

매일 치워도 다시 더러워지는 집처럼 옷장 정리도 매일 해야 한다. 첫 개인 스타일리스트라는 일을 했을 때 가장 집중했던 것은 내담자들과의 쇼핑이었다. 나는 예쁘고 멋있는 옷을 골라주는 일에 집중했다. 어울리는 것을 골라주고 입혀주면 스타일이 변할 것이라고 생각했다. 하지만 그건 나의 오산이었다. 쇼핑을 통해 어울리는 스타일을 찾아주면 확실히 그 자리에서는 변했다. 하지만 이런 나의 생각을 깨어버린 사건이 있었다.

어느 날 내담자 중 한 명의 고객에게 카톡이 왔다. 그것은 자신의 기존 옷장에 있는 옷과 내가 산 옷을 스스로 코디한 전신 셀카 사진이었다. 나는 놀랄 수밖에 없었다. 미처 내가 생각한 이전의 스타일의 옷이 새로 산 옷을 망치고 있었다. 스타일이 좋아 보이지 않았다. 나는 이 부분을 고객에게 설명하기 위해 긴 시간동안 투자해야 했던 일을 기억한다. 스타일이 좋아지기 위해서 새로운 옷을 골라달라고 하는 고객들이 많다. 충분히 골라줄 수 있다. 당장 멋있게 변신시킬 수 있다. 하지만 그것이 얼마나 갈 수가 있을까? 평생 동안을 자신의 취향대로 샀을 4계절의 옷들이 옷장에 그대로 담겨 있다면 금방 이전의 스타일로 돌아가게 된다.

그래서 지금은 절대 나의 고객들에게는 스타일이 완벽하게 바뀌기 위해서는 쇼핑만 필요하다고 이야기하지 않는다. 반드시 그전에 옷장을 비워내고 청소하는 작업이 필요하다고 이야기한다. 옷장을 청소하는 작업은 꽤 귀찮은 작업이다. 아마 옷장 정리라는 이야기 자체가 반갑지 않게 들릴 수도 있을 것이다. 하지만 이 작업을 하지 않는 한 당신의 스타일은 변할 수 없다. 적어도 자신에게 어울리지 않는 옷, 체형에 맞지 않는 옷, 유행이 지난 옷, 허름한 옷을 정리하고 골라내야 한다. 이 작업은 매일 이루어 져야 한다. 옷장을 열어보았을 때 기분이 좋다면 비워내기 작업을 잘 하고 있는 것이라고 볼 수 있다.

두 번째, 옷장이 더러우면 안 어울리는 옷을 입을 확률이 더 높다.

나는 옷장 정리(워드로브) 클리닉이라는 것을 따로 운영하고 있다. 고객들의 이미지, 컬러, 체형 등을 분석해주고 스스로 정리하기 어려운 분들의 옷장의 옷들을 대신 버려주는 작업이다. 실제 내가 버리는 것은 아니지만 버려내야 할 항목들이 무엇인지 하나하나 집어준다. 이 작업은 매일 스타일리시하고 싶은 사람에게 꼭 필요한 작업이다.

아마 옷장 속에는 당신에게 잘 어울리는 옷도 있지만 어울리지 않는 옷도 공존한다. 이 두 가지의 경우의 옷은 서로 같

나에게 어울리지 않는 옷을 버리고 비워내는 것이
어쩌면 스타일링의 첫 번째 단계이지 않을까?

이 있다 보면 무엇이 어울리는지, 어울리지 않는지 점점 헷갈리게 된다. 그리고 당신을 콘셉트 없는 사람으로 만든다. 아마 주변에 스타일 기복이 심한 사람이 있는 것을 보았을 것이다. 어떤 날은 주위에서 가장 스타일리시한 사람처럼 보이다가도 또 다른 날은 그 사람의 같은 옷장에서 나온 옷이 아닐 것 같은 옷을 입고 출근을 하기도 하는 것이다.

어떻게 그럴 수 있을까? 근본적인 원인은 주기적인 옷장 정리가 이루어지지 않았기 때문이다. 쇼핑을 좋아하면서 옷장 정리는 자주 하지 않는 사람들의 경우가 특히 심하다. 옷이 너무 많아 나에게 맞지 않는 옷과 맞는 옷이 뒤죽박죽 섞여 있다. 이런 경우 365일 스타일이 일관성 있기 힘들다.

매일 청소를 해야 하는 것은 인간의 숙명인 것 같다. 집도, 마음도 매일 청소하지 않으면 금방 더러워지고 내가 원하지 않는 일들이 생긴다. 옷장 정리도 마찬가지이다. 나에게 어울리지 않는 옷을 버리고 비워내는 것이 어쩌면 스타일링의 첫 번째 단계이지 않을까? 당신의 스타일 평판이 매일 하는 쇼핑 때문이 아니라 당신의 옷장 때문일 확률이 더 높다. 쇼핑은 잘 하지만 옷장 정리는 충분히 못 할 수 있다.

나는 많은 고객들의 옷장 속을 훤히 보고 있다. 그 사람의 옷장을 보면 그 사람의 성격과 가치관을 알 수 있다. 취향과 심리도 알 수 있다. 어떤 아이템을 좋아하고 무엇이 부족한

지도 쉽게 분석이 된다. 신기하게도 “옷 입는 게 너무 어려워요”라며 나를 찾는 100%의 고객들의 옷장에는 안 어울리는 옷이 70% 이상을 차지한다. 대부분 실제 옷장 정리 클리닉을 하면 어울리는 옷은 극소수라는 것을 깨닫는다. 하지만 귀찮은 이 작업을 잘 끝내게 되면 스타일이 나날이 좋아진다.

자신에게 어울리는 옷이 없으니 어쩔 수 없이 입지 못하고, 자신에게 어울리지 않는 액세서리를 하지 않으니 주변 반응 또한 좋을 수밖에 없다. 사람도, 옷장도 비우는 것이 반이다. 채우면 채울수록 먼지와 불순물이 끼는 것이 섭리이다. 잘 비워낸 옷장은 한 사람의 패션 인을 만들어 낸다.

그렇다면 가장 좋은 옷장은 어떤 옷장일까? 일단 자주 청소하는 옷장이 좋은 옷장이다. 특히 자신에게 어울리지 않는 옷, 후줄근한 옷 등을 적어본 뒤 보이지 않는 곳까지 구석구석 관리하는 것이 중요하다. 가장 잘 어울리는 옷들을 따로 묶어 놓는 것도 하나의 팁이다. 이 작업을 계절별로 해주면 도움이 된다. 봄, 여름, 가을, 겨울 기복 없이 항상 멋있는 사람이 되고 싶다면 계절이 시작하기 전 미리 옷장 청소를 시작하는 것이 좋다.

또한 좋은 옷장이란 자신에게 어울리는 아이템만으로 가득한 옷장이다. 그렇게 되기 위해서는 인내와 시간이 필요하다. 사소하게 생각하는 신발장과 액세서리 함도 당신의 옷장의 일부이다. 옷과 아이템의 중요성은 어느 한쪽도 중요하지 않은 쪽이 없다. 옷장은 정리하지만 신발장은 어울리지 않는 것으로 가득한 사람도 많다. 패션 인이 되기 위해서는 신발장 또한 집중해서 청소해야 한다.

비워내는 일은 채우는 것보다 어렵다. 채울 때 마음과 비울 때 마음이 다른 것이 사람이다. 지금까지 쉽게 채워 넣기만 했다면 지금부터는 옷장을 비워내 보자. 마치 집안 대청소를 한 것처럼 기분이 한결 가벼워질 것이다.

채워 넣기, 기본부터 채우자

비워내기가 절반이라면 나머지 절반은 채워 넣기다. 자신에게 맞지 않는 옷을 골라내고, 버리고, 청소를 하다 보면 실제로 옷장 속이 텅텅 빌 수 있다. 비우기는 깔끔하게 처리되었는데 무엇을 채워야 할지 모른다면? 그것 또한 스타일이 멈춰버리는 이유 중에 하나가 된다.

올바른 옷장 정리만큼 중요한 것이 올바른 쇼핑이다. 쇼핑을 통해 어울리는 옷과 아이템을 채워 넣는 과정이야말로 중요한 작업이 될 수 있다. 대부분 스타일링에 실패하는 사람들은 비워내기나 채워 넣기가 되지 않는다. 두 쪽 모두 중요하지만 채워 넣기의 중요성은 스타일링의 완성이라고 할 수 있기 때문에 백번 강조해도 지나치지 않다. 옷장에 어울리지 않는 옷만 너무 많은 경우에는 비워내기가 필요하다. 하지만 이런 사람들만 있지는 않다. 내담자들의 절반은 채워 넣기가 부족한 사람들이다.

옷장 정리 클리닉을 해주다 보면 채워 넣기 자체를 한 지 몇 년이 지난 사람이 많다. 그 이유는 쇼핑이 무서워져서, 시간이 없어서, 뭘 사야 할지 모르기 때문에 조금씩 채워 넣기를 미루다가 몇 년이 흐른 경우도 있다. 이런 사람들의 경우는 옷 자체가 별로 없다. 또한 옷을 입는 것 자체에 흥미가 별로 없다. 옷이 별로 없으니 당연히 흥미가 떨어지는 것이 아닐까?

목표를 세우고 옷장을 비워낸 후에 가장 먼저 해야 할 일은 자신에게 맞는 아이템을 실제로 쇼핑하는 것이다. 자신에게 어울리는 옷들로 가득 찬 옷장을 상상해 보자, 그것은 매우 흥분되는 일이다. 아이템의 개수와는 상관없다. 10벌의 옷가지만으로도 여러 가지 연출을 할 수 있다. 개수를 떠나 자신에게 딱 맞는 갑옷과 같은 옷들이 가득하다면 매일 아침 무엇을 입을까 고민할 필요도 없다. 상황에 맞는 옷을 선택만 해도 성공이기 때문이다.

이러한 옷장을 만드는 건 절대로 하루아침에 되지 않는다. 적어도 4개월, 1년이라는 시간이 필요하다. 나에게 쇼핑을 의뢰하는 사람들은 대게 1회를 신청한다. 일단 당장 입을 옷이 없기 때문에 현재의 문제를 해결하기 위함도 있다. 하지만 그 내면의 심리에는 전문가가 골라주는 한 번의 쇼핑으로 모든 걸 해결해 보리라는 의도도 숨어 있다. 한 번의 쇼핑으로 옷장이 모두 바뀌기를 기대하는 것이다. 하지만 그것이 아니라는 것은 몇 주 뒤에 느끼게 된다. 1회의 쇼핑으로 살 수 있는 아이템의 개수는 정해져 있기 때문에 계절이 바뀌게 되면 다시 옷이 없다는 것을 체감하기 때문이다. 그래서 나는 쇼핑을 하기 전에 항상 미리 이야기한다.

"당신은 정말 스타일이 변하기를 원하시지요? 그러려면 스타일을 한 번에 바꾸겠다는 조급한 생각을 먼저 버리셔야 합니다. 당신의 옷장에는 어울리지 않는 옷으로 가득합니다. 그리고 그 옷들에 익숙해 있죠. 다시 스타일에 관심을 기울이지 않으면 금세 예전의 스타일로 돌아갈 수 있어요. 마치 다이어트처럼 말이죠. 그래서 쇼핑은 계절에 한 번씩은 꼭 하시는 게 좋아요. 저를 찾아오실 수 없는 상황이 되더라도 다음 계절이 시작하게 되면 반드시 쇼핑을 하시는 게 좋아요. 감을 잃지 마세요. 그리고 계속 노력해주세요."

이 이야기를 하면 부담을 느끼는 고객도 있다. 계절별로 쇼핑을 한다는 것 자체가 피곤하기도 하고 비용이 들어가니까 말이다. 하지만 비용이나 시간 탓을 하는 것은 대게 자기합리화이다. 자신의 예산 중 자신을 꾸미고 자신처럼 독특하고 창조적인 존재를 더 아름답고 멋있게 유지하기 위해서 예산을 미리 정해 놓는 것이 더 지혜로운 일이 아닐까? 쓸데없는 지출을 줄이고 말이다. 계절별로 자신의 상황에 맞게 1개의 아이템이라도 살 예산을 미리 빼놓는다면 "예산이 부족해서 아무것도 살 수 없다"라는 말은 줄어들 것이다. 또한 아무것도 하지 않는 무의미한 시간에서, 한 달에 2시간만 투자한다면 적어도 아이쇼핑이라도 하면서 패션에 대한 감을 충전시킬 수 있을 것이다.

채워 넣기를 하기 위한 첫 번째 조건은 마음가짐이다. 자신의 뇌 구조에서 1%였던 나에 대한 그리고 스타일에 대한 관심을 10%만이라도 늘려보자. 생각하는 순간 당신이 무엇을 시작해야 할지가 보일 것이다.

채워 넣기를 시작하기로 마음을 먹었다면 그다음으로 다가오는 문제는 '어디로 가야 할까?'이다. 대부분 쇼핑을 하기 위해 백화점으로 향한다. 아울렛 또한 많이 간다. 싸기 때문이다. 하지만 백화점이나 아울렛에서 자신에게 어울리는 옷을 고른다는 것은 하늘의 별 따기와 같다. 왜 그럴까? 쇼핑에 대한 노하우가 없거나 패션에 대한 감이 부족한 사람들은 대개 가던 곳만 간다. 그리고 백화점 점원을 의지한다.

내가 가장 많이 들은 내담자들의 이야기 중 중복되는 내용이 있다. 그것은 백화점에 가면 뭘 사야 할지 몰라 마네킹 코디를 그대로 산다는 것이다. 그리고 마음이 약해 점원이 추천해주면 그것을 사고 나와 집에 와서 입고 후회한다는 것이다.

앞에서도 이야기했지만 스타일은 스스로 선택하는 것이다. 마네킹은 내 체형과 다르다. 백화점 점원은 나의 이미지와 목표, 어울리는 퍼스널 컬러 등, 한마디로 나에 대해서 잘 모른다. 그래서 엉뚱한 옷을 추천해 줄 확률이 높다. 자신에 대해 세밀하게 분석한 퍼스널 스타일리스트가 아니라면 대게 자신의 매출에 도움이 되거나 매장 장사에 도움이 되는 옷을 골라주기 때문에 백화점 조명과 거울에 현혹되어 잘못된 의상을 선택할 확률이 훨씬 높다. 그렇게 되면 다음 쇼핑에서는 똑같은 실수를 반복할 수밖에 없다. 한번 잘못된 채워 넣기의 시작은 끝없는 실패의 악순환을 만든다. 일단 이 책을 읽으면서 자신에게 어울리는 것이 무엇인지 찾았다면 쇼핑에 실패할 확률은 줄어들 것이다. 하지만 자신에게 어울리는 것을 찾는 것으로만은 부족하다.

채워 넣기의 시작은 '기본 아이템'부터이다. 신기하게도 사람들은 기본아이템이 부족하다. 꼭 있어야 하는 블랙 원피스, 질이 좋은 흰 셔츠, 어디에나 어울리는 남색 재킷 등 말이다. 기본 아이템을 많이 채워 넣지 않기 때문에 연출을 하기 어려운 것이다.

유행하는 아이템을 입고 싶을 때 기본 아이템과 함께 매치

일단 채워 넣기에 손을 뗐던 사람들이 쇼핑을 시작했다는 것
자체가 엄청난 도전이며 인내라는 것을 나는 잘 알고 있다.
그렇기 때문에 채워 넣기를 오래 하기 위해서는
다시 한 번 마음가짐이 중요하다.
즐겁게 하는 것이다.

하면 유행하는 옷도 과하지 않게 입을 수 있다. 채워 넣기의 시작은 기본부터 채우는 것이다. 기본이 없는 상태에서 특이하고 근사한 것만 사는 것은 욕심이다. 자신의 옷장에 기본 아이템이 없다면 예쁜 옷을 사기전 기본을 구매하자. 대게 기본적인 아이템은 고가가 필요 없다. 데일리로 365일 입을 청바지를 500만 원이 넘는 걸 사는 사람도 봤기 때문에 하는 말이다.

예쁘지 않은 아이템도 있다. 하지만 품질을 필요로 하는 겨울코트, 주로 겉옷은 이너보다 값이 나가는 것이 좋다. 절약해야 하는 이너 등은 중저가 아이템을 사더라도 자주 그리고 오래 입어야 하는 아이템은 약간 투자를 해도 나쁘지 않다. 또한 가방, 구두 등 아이템에서는 투자할 아이템 몇 개, 중 저가 라인이지만 자신의 매력을 돋보이게 해주는 유행하는 아이템이 같이 있어야 한다.

사실 모든 아이템이 마찬가지이다. 기본 아이템 50%, 촌스럽지 않고 유행을 따른 아이템 50%가 있는 게 가장 적절하다. 이렇게 채워 넣기를 통해 균형을 맞춰주면 고리타분한 사람처럼 보이지도 않지만 너무 유행만 따르는 사람처럼 보이지도 않는다. 스타일리시 하면서도 깔끔하고 고급스러워 보이기 때문이다.

이 모든 채워 넣기 작업을 몇 번씩 시도하다 보면 나만의 옷장 스타일이 자리 잡게 된다. 일단 채워 넣기에 손을 뗐던 사람들이 쇼핑을 시작했다는 것 자체가 엄청난 도전이며 인내라는 것을 나는 잘 알고 있다. 그렇기 때문에 채워 넣기를 오래 하기 위해서는 다시 한 번 마음가짐이 중요하다. 즐겁게 하는 것이다.

비워내기, 채워 넣기는 모두 나를 위해서이다. 당신처럼 존귀한 명품은 이 세상에 존재하지 않는다. 너무나도 독창적이고 매력적인 존재이다. 아름다운 당신을 더 아름답게 만들어 주는 옷을 발견하는 일은 매우 행복한 일이다. 미소를 띠고 쇼핑을 하는 것이 남성에게는 더 어려울 수 있다. 전문가의 도움을 받더라도 쇼핑에 한 번 성공하면 두 번째도 성공할 수 있다. 그 재미가 다음 쇼핑에 대한 열정을 식지 않게 해줄 것이라고 확신한다.

과하진 않지만 절절한 쇼핑의 즐거움을 아직 느껴보지 못한 사람이 당신인가? 그렇다면 너무 어렵게 생각하지 말자. 연습하고 시도하는 자는 반드시 성공이라는 단어를 얻을 수 있다. 이번 주말 당장 채워 넣기를 시도해 보는 것은 어떨까?

따라 하기, 시작은 카피부터

"현재가 과거와 다르길 바란다면 과거를 공부하라."

바뤼흐 스피노자

평생 내가 할 수 있는 코디의 개수는 몇 개나 될까? 하루에 하나씩 한 달이면 30개, 일 년이면 360개 이상, 80년을 더 산다고 가정해도 28,800개의 차림새가 연출될 수 있다. 이 중에서는 겹치는 코디도 있고 새로운 코디도 있을 것이다. 혹시 사는 동안 매일 다른 연출을 해보겠다는 다짐을 한 사람이 있을까? 그 사람은 바로 나다.

새로운 옷, 아이템, 다른 계절, 매일 온도와 감정이 다른 하루하루, 그런데 매일 똑같은 수준의 연출을 한다면 삶이 너무 재미없지 않을까? 이러한 엉뚱한 생각들은 나에게 영감을 주었다. 그리고 도전을 하게 만들었다. 당연히 재밌기 때문에 하는 일이다. 지금도 나는 매일 다른 코디를 하기 위해 애쓰고 있다. 그렇다고 해서 힘이 들지 않는다. 매일 다른 코디를 하게 되면 같은 옷을 입어도 기분이 다르다. 만나는 사람, 가는 장소에 따라 액세서리를 바꾸고 색깔배합을 다르게 하면 마치 내가 특별한 사람이 된 듯한 기분을 느낄 수 있다. 나처럼 매일은 아니더라도 같은 옷으로도 여러 가지 스타일 연출을 하려고 시도한다면 옷에 대한 새로운 재미를 느낄 수 있을 것이다.

하지만 각자가 가지고 있는 옷의 개수와 코디실력 또한 한계가 있다. 자신이 가지고 있는 아이템과 뻔한 코디실력을 가지고 어떻게 하면 좋은 차림새를 많이 연출할 수 있을까? 물론 비워내기와 채워 넣기 과정이 계속 필요한 건 기본이다. 하지만 그것으로만 여러 가지 룩을 연출하기란 벅찰 것이다. 그래서 내가 사용하는 방법이 있다. 바로 '따라 하기'이다. 따라 한다? 누군가의 스타일을 그대로 베낀다? 내가 말하는 따라 하기는 그런 차원의 '따라 하기'가 아니다. 영감을 깨워주고 패션의 감을 잃지 않게 만드는 '따라 하기'를 말한다. 만약 자신의 옷을 가지고 멋스러운 스타일을 연출하고 싶다면 내가 사용하는 이 방법을 활용해보면 좋을 것이다.

나는 나의 실력을 제일 잘 알고 있다. 그래서 코디 또한 제한적이라는 것을 알고 있다. 그래서 수많은 스타일링 사례를 본다. 나는 반복이 주는 효과와 보는 것의 중요성을 믿는다. 따라 하기의 시작은 많이 보는 것이다. 얼마나 많이 봐야 할까? 나는 패션계에서 일하고 있고 직업상으로도 사람들의 스타일을 연출해 주어야 하므로 남들보다 더 많은 코디를 접하려고 노력한다. 하지만 꼭 직업이 아니더라도 많이 보아야 한다. 일단 내가 볼 수 있는 모든 공간에 패션에 관련된 것을 놓는다. 내가 가장 신경 쓰는 것은 핸드폰 속 SNS이다. SNS에는 수많은 정보가 있다. 그 중에서 나의 코디로 활용하기 위한 패션 계정이 따로 있다. 이 계정은 내 스타일을 유지하기 위한 장치로 만들어 놓은 것이다. 생각보다 이러한 작업이 나의 스타일 유지에 매우 많은 도움을 준다.

이 계정은 패션 잡지, 패션 전문업체, 패션 편집자, 패션 블로거, 옷을 잘 입는 사람, 수제정장 종사자, 의상종사자, 패션 화보가 많이 나오는 계정 등을 모두 팔로우 한다. 그리고 빈 시간에 수시로 본다. 사실 이건 알려주고 싶지 않은 나만의 패션 공부비법이다. 하지만 이 방법을 공개하는 이유는 사람들은 옷은 잘 입고 싶어 하고, 스타일링을 잘하고 싶지만 남들의 코디는 보지 않는다는 것이 답답하기 때문이다. 본다고 하더라고 활용하려고 하지 않고 그냥 머릿속에서 지운다.

다양한 사람들은 여러 가지 코디를 연출한다. 내가 생각하지 못한 색깔 매치, 한 번도 시도해 보지 않는 아이템 매치,

소재 매치를 말이다. 이 사람들의 감각을 공부하고 따라 해 보는 것을 통해서 스타일 공부가 절로 된다. 그리고 정말 마음에 드는 피드를 발견하면 바로 캡처를 하거나 내 앨범에 따로 저장해둔다. 그리고 내가 가지고 있는 아이템을 가지고 따라 해 본다. 그 사람이 입은 옷 그대로를 따라 하는 것이 아니다. 하지만 내가 연출할 수 있은 옷과 아이템을 가지고 비슷하게 연출해 보는 것이다. 여기에 나의 색깔과 향기가 추가된다면 또 새로운 코디가 나온다. 나라는 사람의 느낌이 추가되어 다른 코디가 되기도 한다. 따라 하기를 하다 보면 코디 실력이 엄청나게 느는 것을 발견할 수 있다.

두 번째는 미디어 활용이다. 정말 내가 코디 실력을 높이는데 도움을 받은 것은 주로 패션 영화와 드라마이다. 그래서 나는 패션이 접목된 영화가 나오면 반드시 본다. 드라마 또한 마찬가지다. 그리고 소재가 굳이 패션이 아니더라도 스토리보다는 패션을 집중에서 보기 시작한다. 패션은 옷뿐만이 아니라 이러한 옷을 입었을 때 주인공이 연출한 헤어스타일, 메이크업, 소품까지 집중해서 본다. 지난 10년간 이런 미디어를 통해 나의 코디 실력은 한국 스타일에 머물러 있는 것이 아니라 유럽, 아프리카, 그리스, 로마 등 수많은 나라의 스타일 공부를 돈을 내지 않고 배울 수 있었다.

이러한 노력은 내가 스타일링 연출을 할 때, 그리고 다른 사

따라 하기를 하다 보면

코디 실력이 엄청나게 느는 것을 발견할 수 있다.

람을 스타일링 해줄 때 반드시 드러났다. 사람들은 나에게 말했다. "스타일이 정말 멋져요.", "뭔가 정말 달라 보여요.", "평범해 보이지 않아요.", "어떻게 그렇게 스타일링을 쉽게 하세요?", "이런 스타일을 연출해 주신 분은 처음이에요." 이런 칭찬은 나를 웃게 했고 더욱더 코디를 따라 하고 연습하는 것을 게을리하지 않게 하는 원동력이 되었다.

세 번째는 직접 보고 따라 하는 것이다. 평생 스타일이 지루하지 않은 사람이 되기 위해서는 사람을 보는 것이 중요하다. 그래서 나는 패션 인들이 많은 도시나 동네를 많이 돈다. 어느 동네에 가면 직장인 스타일을 많이 볼 수 있다. 어떤 곳에 가면 프리랜서들의 옷차림을 볼 수 있다. 어떤 장소에 가면 CEO들의 스타일을 볼 수 있다. 이런 곳에 갈 때 아무 생각 없이 걸어오는 사람들을 보는 것이 아니라 그들의 스타일을 보고 연구한다. '왜 이런 아이템을 매치했을까? 이런 건 나도 활용해 봐도 되겠다.' 그리고 정말 좋은 코디는 메모하고 적어두는 것이다. 처음에는 귀찮을 수도 있다. 하지만 이러한 습관을 만들어서 생활화하면 어느 순간 자신도 패션 인이 되어가고 있는 것을 느낄 수 있다.

따라 하기는 보고, 메모하고, 찍고, 담고, 활용하기가 따른다. 그리고 반복이다. 이렇게 반복하게 되면 트렌드 지식과 요즘 어떤 아이템이 유행하고 활용하면 좋을 지가 알아서 정리된다. 그렇기 때문에 채워 넣기 작업을 할 때도 쇼핑이 쉬워진다. 하지만 내가 따라 하기를 통해 내 스타일을 연출하고 매일 아침 새로운 코디를 시도할 때 한 가지 꼭 지키는 법칙이 있다. 그것은 절대로 하나의 코디를 완벽히 카피하지는 않는 것이다. 어떨 때는 코디의 느낌이나 아이템만 활용한다. 좋은 스타일링이란 자신이 모은 자료, 지식, 감성을 가지고 좋은 것만 활용해서 나만의 새로운 스타일링을 만들어 내는 것이다.

예를 들자면 지난주 봤던 영화 속 여주인공이 입었던 옷의 상,하의 색깔배합과 SNS 속에서 본 유명 패션 블로거가 시도한 겹쳐 입기 방법과 브랜드 화보와 잡지에서 확인했던 아이템을 직접 사용하는 것이다. 그리고 마지막으로 나만의 소스를 넣는다. 나의 강점이 더 매력적으로 보일 수 있도록 셔츠를 꺼내 입는다든지, 반지를 한 개가 아닌 두 개를 한다든지 하는 특이한 방법 말이다. 이 방법은 나의 머릿속에서만 나오도록 한다. 마치 요리를 할 때 여러 가지 좋은 재료와 나의 기본 요리 실력을 섞어서 완전히 새로운 메뉴를 개발하는 것과 같다.

나는 생각하고 한 코디는 반드시 좋은 평가를 받는다고 믿는다. 우리가 남들에게 평가받고 좋은 평판을 유지하기 위해 스타일링을 하는 것이 목적은 아니지만, 내가 즐기기 위해,

나를 더 빛내기 위해 옷을 입었는데도 불구하고 남들에게 칭찬을 받고 에너지를 줄 수 있다면 그것은 행복하고 괜찮은 일이다. 오늘 입은 나의 스타일을 통해서 만나는 사람들을 기분 좋게 해줄 수 있다. 가끔 나를 만날 때 신경 쓰고 나오지 않은 사람을 봤을 때 기분이 나빴던 경험을 해본 적이 있지 않은가?

이러한 나의 매뉴얼은 코디가 어려운 사람들에게 신선한 자극제가 될 것이다. 매일 똑같은 티에 똑같은 바지, 똑같은 백팩과 운동화를 신으면서 일 년의 대부분을 비슷한 연출을 하고 있지는 않은가? 당신은 지루한 사람으로 평가될 만큼 평범한 사람이 아니다. 당장이라도 서점에 가서 잡지 한 권을 구매하자. 그리고 하루에 한 장씩만 보고 따라 해보자. 당신이 보는 잡지 한 장 속 스타일링이 10개의 새로운 스타일을 만들어 낼 수 있을 것이다.

함께 하기, 함께하면 오래 간다

"오늘 나랑 옷 구경 갈래?"
"몇 시?"
"5시쯤?"
"가능해."
"그럼 이따 사거리 앞에서 봐."

친구에게 메시지가 왔고 나는 대답했다. 고교 시절 나는 항상 옷 구경을 같이 하는 친구가 있었다. 이 친구와 나는 다른 친구들과 다르게 조금 특별했다. 나는 이 친구와의 만남이 즐거웠다. 즐거웠던 많은 이유가 있지만, 그중에서도 패션코드가 통한다는 것이 가장 컸다. 난 친구와의 대화가 즐거웠다. 주로 옷 이야기를 많이 나눴다. 그리고 함께 쇼핑을 하러 가면 서로의 옷을 골라줬다. 같은 옷에 흥분하고 좋아하는 옷이 비슷하다 보니 매 순간이 행복했다.

그리고 친구가 중요한 약속이 있는 날은 우리 집에 놀러 왔다. 그리고 나의 옷을 빌려 갔다. 아마도 새로운 옷이 입고 싶었나 보다. 나도 다른 친구를 만나거나 중요한 일이 있을 때이 친구네 집에 가서 친구의 원피스를 빌려 입곤 했다. 다른 친구의 옷장의 옷을 입을 수 있는 건 꽤 신나는 일이었다. 스무 살이 넘어 사업을 할 때는 새로운 친구를 또 만나게 되었다. 내가 운영하는 의류브랜드 쇼핑몰의 모델이었던 친구다.

내가 이 친구를 뽑을 때 그녀의 스타일에 반해서 뽑았다. 모델 지원 메일 속 그녀의 스타일이 예뻐 보였다. 마음에 들었다. 뭔가 통할 것 같은 느낌이 들었다. 역시나 스타일이 맞았다. 그녀도 나의 쇼핑몰 옷이 너무 예뻐서 모델로 지원했다고 했다. 그녀는 나만큼이나 패션을 좋아하는 친구였다. 새로운 신상품 촬영이 있는 날이면 수십 개의 샘플 옷을 보고 함께 즐거워했다. 몇 살 차이가 나는 그녀는 나를 사장이 아닌 언니라고 불렀다.

"언니, 이번 주 신상 정말 예뻐요. 저 이 코디 다 살래요. 언니 코디 너무 잘해요. 이대로 입을래요"라고 했다. 나 또한 내가 스타일링한 옷을 잘 소화하고 옷을 예쁘게 표현하는 그녀가 너무 좋았다. 그녀는 매주 나의 사무실에 놀러 와서 함께 옷을 정리하고 코디도 같이 했다. 그녀는 생각보다 코디를 매우 잘했고 내가 생각하지 못한 연출도 하곤 했다. 나는 깜짝깜짝 놀랐다. 나는 이 모델 친구를 통해 새로운 패션도 배우고 영감도 많이 받을 수 있었다.

현재 퍼스널 스타일리스트 일을 함께 하고 있는 남편과 나를 이어준 것도 패션이었다. 우리는 서로에 스타일에 끌렸고 함께 코디를 해주며 데이트를 즐겼다. 수많은 시간을 함께 아이쇼핑하고 서로의 스타일을 발전시켜주었다. 그리고 코드가 맞아 함께 남들의 스타일링을 도와주는 스타일링 사업도 하게 되었다.

어느 날 문득, '내가 왜 옷을 좋아하게 되고, 이런 직업을 가지고 있을까'라고 생각했을 때 나는 하나의 답을 얻었다. 답은 사람이었다. 위에서 이야기한 친구들이다. 나는 이 사람들이 없었으면 혼자 스타일링 공부를 했을 것이다. 하지만 내 곁에는 항상 스타일을 함께 나누는 친구들이 있었다. 심지어 초등학생 때부터였던 것 같다. 초중고, 대학 시절, 직장생활 중, 그리고 현재 함께 일을 하는 남편까지 모두 다 나의 스타일 메이트였다. 우리는 함께 옷 이야기를 하고 패션을 즐겼다. 이렇게 즐겁게 놀면서 하는 이야기들은 고스란히 나의 패션 지식이 되었고 누구보다 옷을 사랑하는 사람이 되게 만들어 주었다.

현재 나는 하루에도 3~5명 이상 스타일 고민을 하는 사람들을 만나곤 하는데 어느 날 이 사람들이 옷을 입기 어려워하는 공통점을 발견했다. 내담자들과 깊은 스타일 고민을 나누면서 깨달은 한 가지 사실은 이 사람들은 스타일 메이트가 없다는 것이다. 반대로 가까운 사람들 때문에 옷을 잘 못 입겠다고 했다. 자존감이 매우 낮았는데 그 이유는 가까운 사람들이 자신의 스타일에 대해 부정적으로 자주 이야기한다는 것이었다.

심지어 형제나 자매의 스타일과 비교를 오랫동안 당해온 사람도 있었다. 가장 가까운 가족들에게 자신의 스타일에 대해서 지속적인 비판을 받은 경우, 친한 친구나 동생들에게 스타일 비교를 받은 경우가 많았다. 또한 이 사람들은 친구들이나 가까운 사람들이 패션에 전혀 관심이 없는 경우가 99%를 차지했다.

참 신기한 일이다. 가까운 사람들이 패션에 관심이 없거나 부정적인 이야기를 많이 들은 것이 정말 옷을 잘 입지 못하는 이유가 될 수 있을까? 나는 이 일을 하면 할수록 맞는다고 결론지었다. 내담자들과 얘기를 하다 보면 실제적이고 말하기 힘든 고민을 이야기하곤 한다. 그중에서 공통으로 하는 한 문장이 있다. “주변에 옷에 관심이 있는 사람이 없어서 내가 굳이 그들을 만날 때 꾸밀 필요성을 느끼지 못해요”라는 이야기이다. 또한 하나를 더 이야기하자면 “꾸며도 그들은 관심이 없어서 이게 좋은 스타일인지, 멋있는 건지 잘 몰라요."

90% 이상 나를 찾아오는 사람들은 친한 사람 중 패션에 관심이 있는 사람이 없었다. 나에게 퍼스널 스타일링 관리를 받는 고객 중 이런 환경을 가진 사람들은 스타일 변화에 대한 느낌을 잘 못 느끼기도 한다. 내가 정말 멋스럽게 스타일링을 연출해 준 뒤 주변 반응을 묻곤 하면 "그들은 제가 앞머리를 내리든 올리든 관심이 없더군요. 아무런 반응이 없어요. 원래 관심이 없던 사람들이라… 제가 정말 잘 하는 있는 걸까요?" 라고 말한다.

그렇다. 신기하게도 옷을 잘 입는 사람들 주변에는 비슷한 사람이 있다. 가족 중에 옷을 잘 입는 사람이 있거나 친한 친구가 옷에 관심이 많다. 내가 개인 스타일리스트이자 스타일 멘토인 이 직업을 선택한 근본적인 이유는 이런 사람들의 고민을 해결해 주고 싶었기 때문이다. 나와 스타일 메이트들이 함께 옷 이야기를 하면서 자연스럽게 옷을 좋아하게 된 것처럼 나도 스타일에 고민이 있는 사람들의 친구가 되어주고 싶었다. 그들의 고민을 들어주고 함께 맞장구도 쳐주면서 자연스럽게 패션과 가까워지게 해주고 싶었다.

그래서 나는 고객들과 개인적인 메시지를 많이 나눈다. 물론 주제는 패션과 스타일에 관한 이야기이다. 몇 주간 이런 메시지에 익숙해진 고객은 나에게 자신의 스타일을 검사받기도 하고 자신의 사진을 보여주기도 한다. "이 스타일은 어때요? 오늘 코디 괜찮나요?"라고 묻는다. 그러면 나는 칭찬도 해주고, 더 보완할 점도 이야기 해주면서 자연스럽게 스타일에 관련된 이야기를 많이 나눌 수 있는 환경을 만들어 준다. 그럼 신이 나서 고객들은 더 많이 질문한다. 그렇게 한 달, 두 달이 지나면 그 사람의 스타일이 많이 달라져 있다. 스타일 친구가 되어준 것만으로 말이다.

그리고 마지막에는 꼭 장문의 문자가 온다. "정말 요 몇 달 사이에 제가 너무 많이 달라졌어요. 거울을 한 번도 안 봤는데 하루에도 몇 번씩 거울을 봐요. 귀걸이도 일부러 하게 되었어요.", "제가 너무 달라져서 어색한데 너무 재밌어요. 옷의 즐거움을 깨닫게 해주셔서 정말 감사해요.", "질문이 점점 많아져요. 패션에 패만 들어도 싫었는데 이게 어떻게 된 거죠?" 나는 속으로 웃으면서 대답한다. 앞으로도 계속 스타일에 관심을 가져 달라는 이야기를 한다. 하루에 한 번 스타일에 관해 이야기를 던진 것뿐인데 그 대화들이 쌓이고 쌓여 고객들이 패션을 좋아하게 되고 자신감이 생기는 원동력이 되었다. 아마 나와 계속 이야기를 나눈다면 패션이 좋아질 수밖에 없을 것이다.

내가 이렇게 고객들과 대화를 나누고, 즐거워하면서 패션에 관한 이야기를 하는 친구가 될 수 있었던 이유는 그동안 나에게 그런 스타일 메이트가 되어 주었던 여러 친구 때문이다. 학원에 다니는 것보다 패션과 가까워지는 빠른 방법이 바로 여기 있다. 스타일링을 혼자 공부하며 자신만의 스타일링 세계를 만드는 것도 좋은 방법이다.

하지만 정말 옷을 잘 입거나, 자신의 매력을 패션으로 드러낼 수 있는 대부분의 사람의 뒤에는 그 사람을 도와주고 함께 패션을 나누는 친구들이 존재한다. 가족, 친구, 직장동료 등 말이다. 그리고 대부분 가족이나 친구들에게 스타일에 대한 긍정적인 이야기를 많이 듣는다. 자신의 스타일에 대해서 비아냥거리거나, 자꾸 자존감이 낮아지게 만드는 친구는 좋은 친구가 아니다. 함께하면 오래 갈 수 있다.

패션 인으로 오랫동안 남고 싶으면 스타일 친구를 사귀는 것이 좋다. 자연스럽게 쇼핑을 함께 하고 옷에 대한 이야기를 몇 분 동안 나누는 것만으로도 항상 스타일에 대한 관심을 상기시킬 수 있기 때문이다. 그래서 나는 주기적으로 고객들을 한자리로 불러 모아 스타일 친구를 만들어 주기 위해 노력하고 있다. 나뿐만 아니라 주변 사람들의 감각을 보면서 패션이 발전할 수 있기 때문이다.

나만큼 특별하고 아름다운 보석 같은 존재가 바로 옆에 있는 친구이다. 그들의 패션 센스는 내가 특별한 만큼이나 특이

자신의 매력을 패션으로 드러낼 수 있는 대부분의 사람의 뒤에는 그 사람을
도와주고 함께 패션을 나누는 친구들이 존재한다.

하고 새롭다. 배울 점이 많다. 만약 그럴만한 환경이 조성되지 못한다면 패션 관련 동호회나 모임에 참석하는 것도 추천한다. 모든 것이 자연스럽게 이루어지는 게 가장 좋지만 도전하고 시도하는 자에게는 모든 세상이 돕기 시작할 것이다.

옷을 잘 입는 방법은 정말 여러 가지가 있다. 나는 그중에서도 가장 쉽고도 영향력이 있는 방법은 패션 소울메이트를 찾는 것이라 생각한다. 사람은 사람을 변화시키는 힘이 있는 존재이다. 그 힘의 크기는 상상할 수 없다. 인생을 사는데도 혼자보단 둘이 낫고 패션 인이 되기 위해서도 혼자보단 함께가 좋은 법이다.

Part 6

당신은 명품입니다

쇼핑이 즐거워지면, 행복이 찾아온 것

귀여운 외모의 한 여성이 나를 찾아왔다. 동글동글한 이목구비에 부드러운 미소를 지닌 고운 인상이었지만 168cm 정도의 시원시원한 큰 키를 가진 반전이 있는 여자였다. 그녀는 패션에 대해 너무 모르고, 스타일링 연출을 잘 못한다고 생각이 들어서 여러 가지 생각 끝에 나를 찾아왔다고 말했다. 패션에 대한 갈증이 있었던 것 같았다. 막연한 기대를 갖고 나를 찾아 온 그녀는, 여러 가지 질문을 한 뒤, 4주 동안 이미지 변신을 하기로 결정했다.

나는 그녀에게 숙제를 내주었다. 몇 주 뒤 첫 컨설팅 자리에서 그녀는 내면의 마음가짐과 자존감이 옷을 잘 입는 데에도 중요하다는 이야기를 듣고 눈시울이 붉어지기 시작했다. 나는 일부로 티를 내지 않았지만, 그녀가 눈물을 참는 것이 느껴져서 화제를 돌렸다. 무언가 사연이 있는 것 같았다. 나는 단순히 패션 인이 되고 옷을 잘 입기 전에 자신을 사랑하는 것이 먼저임을 그녀에게 말해 주었다.

나중에 말하기를 그녀는 컨설팅을 통해 자신의 내면이 가장 중요하다는 것을 깨닫고 심리적인 치료를 받은 느낌이라고 말해 주었다. 또한 스타일이라는 외면의 변화를 통해서 마인드, 성격까지 바꿀 수 있다는 생각을 하게 돼 마음속에서 엄청난 원동력과 자신감이 생겼다고 했다.

1주 차, 첫 번째 만남을 통해 그녀에게 어울리는 퍼스널 컬러와 얼굴형, 헤어스타일, 액세서리 등을 진단하고 어울리는 아이템을 추천해 주었다. 다음 주까지 일주일의 시간이 있었다. 나는 그녀에게 1주 차에 진단받은 내용을 토대로 적용을 해오라는 숙제를 내주었다. 1주일이 지나고 두 번째 만남을 가졌다. 그녀는 많이 달라져 있었다. 보통 첫 번째 컨설팅으로 크게 변할 단계가 아닌데도 불구하고 그녀는 내가 알려준 모든 내용을 성실하게 적용한 듯해 보였다.

일단 가르마부터 네일 컬러, 화장법, 화장품 컬러 등이 모두 자신에게 어울리는 컬러로 바뀌어 있었다. 또한 헤어스타일도 추천해준 스타일로 헤어숍에서 바꾸고 온 모양이었다. 한마디로 정말 예뻤다. 그녀를 보고나서 예쁘다는 말의 기준을 이렇게 바꾸어야 할 것 같다. 그 사람에게 스며들어 스타일이 튀지도 무난하지도 않고 하나하나 사람에게 완벽하게 맞아

떨어진 상태라고 말하고 싶다. 액세서리 모양이며 크기까지 하나하나 달라졌지만 1차 컨설팅 전에는 촌스럽다는 생각이 먼저 들었다면, 이제는 그녀의 얼굴이 진짜 드러난 듯했다. 마치 장인 조각가가 조형물을 완벽하게 다듬은 듯이 말이다.

나는 너무 놀라 1주 만에 너무 예뻐진 게 아니냐고 물었다. 나의 칭찬에 그녀는 미소를 지었다. 그녀의 변신을 느낄 수 있었던 건 사실 컨설팅을 받으면서 그녀의 눈망울이 정말 빛났다는 것을 통해 어느 정도 예상할 수는 있었다. 가슴속으로 의지를 가지고 무언가 시작하는 사람의 눈에서 보이는 열정은 눈망울을 통해 느껴진다.

나는 신이 나서 2주 차 컨설팅을 시작했다. 두 번째 만남에서는 그녀의 체형을 분석했다. 그녀의 가장 큰 고민은 하체 비만이었다. 하체 때문에 별명이 '하비'라고 했다. 하지만 옷으로 이 부분을 어떻게 커버할지 모른다고 하소연했다. 내가 보기에도 체형의 콤플렉스를 그대로 드러내고 다니는 옷차림이었다. 나는 꼼꼼하게 그녀의 체형을 진단해 주었고 진단에 따라서 그녀가 하체 쪽에 집중된 삼각형 체형이라는 것을 발견할 수 있었다. 삼각형 체형은 한국인 여성에게 많이 있는 체형 중 하나이다. 체형진단 후 삼각형 체형에 어울리는 스타일과 입지 말아야 할 스타일을 2시간에 걸쳐 꼼꼼하게 알려주었다. 첫 번째 만남에도 변신한 그녀였기에 두 번째 만남

후 그녀의 변신이 기대되기 시작했다.

세 번째 만남을 갖기 전 메일을 통해 그녀의 옷장을 통째로 받게 되었다. 사진으로 말이다. 그때 처음 그녀의 옷장 속을 볼 수 있었다. 그 사람의 옷장을 보면 그 사람에 대해 많은 것을 알 수 있기 때문에 나는 옷장을 보고 그녀의 스타일과 고민들을 짐작할 수 있었다. 옷은 주로 삼각형 체형에 맞지 않는 옷이 99%였다. 컬러와 이미지도 그녀에게 맞지 않았다. 옷의 디자인도 어울리지 않는 캐주얼한 옷이 많았다. 옷장을 통째로 갈아치워야 할 판이었다. 이런 옷이 있었기 때문에 그동안 고민이 많았다는 생각이 들었다.

나는 그녀에게 옷장에 대해 분석한 것을 정리해서 이야기해 주었고 당장 쇼핑이 필요함을 일러주었다. 컨설팅을 통해 얼굴과 체형에 맞는 것이 무엇인지 알았지만, 최종적으로 쇼핑이 필요했다. 그녀에게 어울리는 갑옷과 같은 옷들 말이다. 실제로 변신을 앞두고 기대했고, 나 또한 기대가 컸다. 워낙 안 어울리는 옷들만 입었던 고객이었기 때문에 하루빨리 예쁘게 변신시켜 주고 싶었다.

세 번째로 만나는 날이 되었다. 드디어 함께 동행쇼핑하는 날이다. 나는 전날 그녀에게 어울리는 옷들을 미리 봐두었다. 이제 그녀와 함께 쇼핑을 떠나면 된다. 그녀는 지방에 살고 있어서 서울에서 쇼핑은 거의 처음이라고 했다. 나는 한 군데, 한 군데 매장을 돌아다니면서 그녀에게 어울리는 옷과 액세서리들을 직접 골라주기 시작했다. 결과는 정말 놀라웠다. 원래 이렇게 예쁜 그녀였었나? 1차 컨설팅을 통해 많이 변하긴 했지만 진정한 변화는 오늘이었다.

그녀에게 맞는 컬러, 명도, 체형에 맞는 디자인에 맞는 옷을 상, 하의, 구두까지 신기니 전혀 다른 사람이 되었다. 거울 속에 자기 모습을 확인한 그녀도 놀랐다. 자신이 아닌 것 같다고 말했다. 그리고 3시간 동안 내가 추천해준 모든 의상을 구매했다. 3시간이 은근 쇼핑을 하기에는 긴 시간이다. 지루하기도 하고 체력적으로도 지치기 때문이다. 하지만 그녀의 얼굴은 누구보다도 빛나고 생기가 돌았다.

나는 늘 쇼핑을 도와주면서 변한 고객들의 모습을 보면 빨리 약속이라도 잡으라고 말해주고 싶을 때가 있다. 지금 이 모습을 나만 보기에는 너무 아깝기 때문이다. 사실 사진으로도 잘 담기지 않는다. 실제로 본 그녀의 모습은 정말 누구보다 예뻤다. 나는 아낌없는 칭찬을 해주었다. 1차 컨설팅 때 눈물을 흘렸던 그 모습은 어디로 간 것일까? 걸음걸이와 표정과 목소리마저도 달라져 있는 그녀였다. 그녀의 얼굴에 새로운 행복이 보이기 시작했다. 동행쇼핑이 끝난 후 해는 졌고 어둑한 저녁이 되어있었다. 마지막 인사를 하고 그녀와 헤어졌다. 헤어진 뒤 그녀에게 메시지가 왔다.

"동행쇼핑을 했는데 너무 신세계였어요. 선생님은 어떻게 저에게 어울릴만한 옷을 바로바로 찾으시는지 대단해 보였어요. 옷을 갈아입을 때마다 새로운 나 자신이 거울 앞에 있는데 입꼬리가 자연스럽게 올라가더라고요. 이번 쇼핑을 통해 이제 내가 어떤 스타일을 골라야 하는지 확실하게 알게 되었고 자신감이 생긴 것 같아요. 정말 행복이 찾아온 것 같아요. 다음날 선생님이 골라주신 옷들을 코디해서 회사에 갔는데, 스타일이 많이 바뀐 것 같다며 잘 어울린다는 소리를 많이 들었어요. 처음 듣는 이야기예요. 친구들 또한 왜 이렇게 예뻐진 거냐며 질투 아닌 질투를 하는 것 같아요. 아직도 많이 부족하지만 이제 스타일에 대해서 중요하게 생각하고 더 고민하려고요. 정말 감사해요. 선생님."

그녀에게 행복이 찾아왔다. 그녀의 표정만 봐도 느낄 수 있었다. 쇼핑이 즐거워진 것이다. 그녀는 4주간의 나와의 만남을 통하여 스스로 스타일리시해졌다. 내가 도와준 것으로 생각하겠지만 결국은 그녀 스스로가 해낸 것이다. 자신감과 열정과 의지 없이 나의 도움만으로 변할 수 없다. 긍정적이고 매력이 많았던 그녀 자신이 그녀의 매력을 깨닫고 자신감을 가졌을 뿐인데 많은 사람에게 맵시 있고 예쁘다는 이야기를 듣게 되었다. 남편은 자신의 예뻐진 모습을 불안해하기도 한

쇼핑을 통해 자기 삶의 질이 달라지고
거울 속 자신이 예뻐 보이거나 멋있어 보이는 것을
경험해본 사람은 쇼핑을 싫어할 수 없다.

다고 한다.

옷을 좋아하지 않는 대부분의 사람들이 쇼핑을 싫어한다. 정말 쇼핑 마니아가 아니라면 말이다. 하지만 정말 쇼핑에 성공해본 사람은 그렇지 않다. 쇼핑을 통해 자기 삶의 질이 달라지고 거울 속 자신이 예뻐 보이거나 멋있어 보이는 것을 경험해본 사람은 쇼핑을 싫어할 수 없다. 그녀처럼 말이다.

자신만의 스타일을 찾은 사람은 누가 보아도 스타일리시해 보인다. 옷이 사람을 가리지 않는다. 옷을 통해 가면을 쓰지도 않는다. '그냥 옷을 잘 입으면 행복해진다'라고 생각하면 오산이다. 나만의 스타일을 찾으면 그 끝에는 반드시 행복이 찾아온다. 패션은 삶의 각 부분을 연결해주는 연결고리이기 때문이다. 삶의 질이 높아지고, 새로운 기분을 느끼고 싶다면 그때가 바로 행복을 부르는 쇼핑을 해야 할 때이다. 당신에게 어울리는 재킷 하나를 통해 오늘 당장 좋은 일이 생길 수 있지도 않은가?

매력은 반드시 흘러간다

언젠가부터 거울을 볼 때마다 미소를 짓는 연습을 하게 되었다. 좋아하는 여자 연예인의 미소가 너무 예뻐서 시작했던 일이다. 하지만 어느 순간 정말 웃는 인상으로 변하고 있는 나를 발견했다. 방송에서도 인상을 바꾸려면 매일 15분 이상 거울을 보고 연습을 하라는 말을 들었다. 사실 학창시절부터 첫인상이 도도하고 차갑다는 이야기를 많이 들었다. 웃는 것보다는 무표정이 더 자신이 있기도 했다. 웃는 게 자신이 없다는 말이 더 맞다. 그래서 유난히 웃는 얼굴이 예쁜 사람이 부러웠던 것 같다. 그래서 남들 앞에서는 티내지 않았지만, 메이크업을 할 때도 씻을 때도 거울을 볼 때마다 의도적으로 웃는 얼굴을 만들기 위해서 노력했다. 매일 연습했다.

노력은 배신하지 않는 것일까. 어느 순간부터 인상이 바뀌기 시작했고 예전 사진과 비교하면 늘 웃고 있는 나를 발견했다. 주변에서도 "미소가 예뻐요. 넌 웃는 게 예뻐"라는 말을 듣기 시작했다. 나는 알고 있었다. 처음부터 그렇지 않았다는 것을.

매력은 어디서부터 시작될까? 사람마다 고유의 매력이 있다. 매력이란 무언가 상대방에게 영향을 주고 따라하고 싶게 만드는 마성의 힘인 것 같다. 특히 사람은 자신이 가지고 있지 않은 점을 상대방에게서 발견했을 때 매력을 느낀다. 그게 성격적인 부분이건, 외적인 부분이건 말이다. 그렇게 끌림이라는 것을 만들어 내게 된다.

나는 항상 매력에 대해 관심이 많았다. 단순히 얼굴이 예쁘고 잘 생긴 사람보다 매력적인 사람들을 좋아했다. 나 또한 매력적인 사람이 되고 싶었다. 그래서 꾸준히 노력하는 노력파이다. 미소가 예뻐서 자꾸 보고 싶은 사람, 스타일이 정말 좋은 사람, 쿨함이 진동하는 성격을 소유한 사람이 되고 싶었다. 이런 사람들은 누군가에게 보이지 않는 자극을 준다. 그 자극의 힘은 꽤 큰 편이다.

하지만 대부분 자신의 매력은 잘 발견하지 못한다. 다른 사람의 매력이 더 커 보일 때가 많다. 그럴 때는 내가 한없이 작아 보이기도 한다. 그래서 결국 매력을 발견만 했지 계발하지 못하는 경우가 많다. 다행히도 나는 어려서부터 다른 사람들에게 매력적이라는 이야기를 많이 들었다. 미인이라는 말보다 무언가 특별하다는 말을 많이 들었던 것 같다. 그래서 스타일도 고전적인 것 보다는 특별한 것들에 손이 갔던 것 같다. 단순히 예쁘다는 말보다 그 말이 나는 더 좋았다. 특히 스타일 영역에서 나는 그런 이야기를 많이 들었다. 그렇기 때문에 나는 옷을 더 신경 써서 입게 되었다.

다른 사람들에게 그런 이야기를 듣는 것이 즐거웠고, 내가 옷을 입으면 반응이 왔기 때문이기도 하다. 매일 옷을 통해 다른 사람이 된 듯한 느낌이 너무 행복하기도 했다. 그래서 꿈이 많아졌다. 옷을 매일 입을 수 있는 모델도 하고 싶었다. 새로운 옷을 매일 볼 수 있는 옷 장사를 하고 싶기도 했다. 쇼핑몰 직원부터 시작해서 의류쇼핑몰 런칭, 의류바잉 MD, 화보스타일리스트, 패션매장 디스플레이 디자인, 패션 브랜드 콘셉트 기획자, 스타일링 디텍터, 비주얼 디텍터 등 20대 때 옷과 관련된 직업은 거의 다 해본 것 같다.

이러한 옷에 대한 나의 열정은 시들지 않았다. 옷을 통해 나의 매력을 표현할 수 있는 사실이 너무 즐거웠기 때문이다. 매일 옷과 관련된 일을 하면서도 더 큰 꿈을 꾸기도 했다. 매일 입고 싶은 옷을 입고, 신고 싶은 신발을 신고, 날마다 그렇게 새로운 차림새로 여행을 하는 것이다. 그것보다 즐거운 일은 없을 것 같다. 꿈은 이루어질 수 없을지라도 상상할 수 있는 거니까 난 늘 그런 상상을 하곤 한다.

신기하게도 이런 상상의 힘은 현재에도 매일 매력적으로 옷을 입도록 하는 자극제가 되었다. 나에게 옷 수는 제한되어 있지만, 거울 속 나의 모습이 마치 멋진 프랑스 여자가 된 듯한 느낌이라 생각하면 그날 하루는 기분이 좋다. 그래서 결국 한 사람의 스타일을 개발해주는 퍼스널 스타일리스트가 되었다. 이러한 옷 입기의 즐거움을 알리고 싶어서이다.

행복한 옷 입기를 한 지도 10년이 되어간다. 성인이 되고서 가장 좋은 점이 있다면 교복이 아닌 사복을 입는 것이라고 생각한다. 옷쟁이의 생각은 참으로 단순하다. 옷을 입을 수 있으면 행복한 것이다. 내가 행복하게 옷을 입으니, 그 영향력이 다른 사람들에게 전해졌다. 내 주위에는 항상 옷쟁이들이 따랐다. 옷을 좋아하는 사람들 말이다. 친구들도 옷을 거의 좋아했다. 그들과 함께 패션을 즐겼다.

단순히 이렇게 개인적으로 옷을 좋아하는 것으로 멈추고 싶지 않았다. 내가 느낀 좋은 감정을 누군가에게 더 많이 알리고 싶었다. 행복한 옷 입기에 대해서 말이다. 내가 웃는 얼굴을 갖고 싶었던 것처럼 분명히 옷을 행복하게 입고 싶지만 그렇지 못하는 사람들이 많은 것 같았다. 그래서 직업을 바꾸게 되고 그 이후에도 계속 공부를 하기 시작했다. 패션과 사람에 대해서 말이다.

막상 공부를 시작하니 알아야 할 것들이 너무 많았다. 사람들을 만날수록 옷을 입지 못하는 이유, 패션이 어려운 이유가 가지각색이었다. 심리적인 이유가 많다는 것을 발견했다. 생각보다 단순한 문제가 아니었다. 그래서 내가 도움을 줄 수 있는 여러 가지 방법들이 있지만 가장 먼저 나를 보고 옷을 잘 입고 싶다는 생각을 하게 만들기로 했다. 나를 보면 '저 사람처럼 나도 옷을 잘 입고 싶다'라는 생각이 들어 머리에 마치 무언가 맞은 것처럼 옷을 잘 입기 위해 노력하고 있는 자기 자신을 발견하도록 말이다.

그 일은 정말 실현이 되었다. 퍼스널 스타일리스트를 시작하고 나는 더욱 옷을 행복하게 입기 위해 노력했다. 멋있게 입을 수 있도록 노력했다. 그것은 나의 만족을 위한 것도 있었지만 나를 찾아와 스타일 고민을 토로하는 사람들이 나를 보고 다시금 패션에 대한 꿈을 꾸게 하고 싶었기 때문이다. 좋은 영향을 주고 싶었다.

패션에는 보이지 않는 힘이 있다고 믿는다. 감사하게도 나를 만나는 사람들은 나를 만나기 전부터 나의 스타일을 보고 찾아온다. 그래서 반갑게 맞아주고, 그들은 나에게 배운 팁들을 적용하려고 애쓴다. 내가 영향력을 미치고 있음을 알았다. 그래서 옷을 입는 것을 멈출 수가 없다. 나를 통해 희망을 품는 많은 사람이 있기 때문이다. 실제로 나를 만나서 스타일이 좋아지고 매력적으로 변하는 것을 볼 때마다 나는 새삼 놀라곤 한다. 매력의 끝의 한계가 없기에 나보다 더 빛나게 변신하는 사람들을 볼 때 나는 가장 보람을 느낀다.

매력은 흘러간다. 반드시 영향력이 있다. 오늘 입고 있는 옷과 나의 모습은 누군가에게 영향을 줄 수 있다. 지금은 비록 좋지 않은 영향력을 끼칠 수도 있다. 하지만 노력하고 개발하면 반드시 스타일은 좋아진다. 누구나 영향을 줄 수 있는 사람이라는 것을 깨달았으면 좋겠다. 그게 패션 영역이면 더 좋겠다. 누군가 따라 하고 싶은 스타일을 소유한 사람이 되고 싶지 않은가? 그렇다면 일단 거울 속의 자신의 모습을 사랑해보자. 그리고 끊임없이 계발하자. 그러면 언젠가 상대방이 당신에게 말을 걸 것이다. “당신은 정말 스타일이 좋아요. 따라 하고 싶어요.”

입을 수 있는 기쁨

우리들은 때로 익숙한 것에 대한 감사를 잃어버리곤 한다. 사람은 원래 이기적인 동물이기 때문인 걸까. 익숙한 것에 대해 감사하지 못하면, 소중한 것을 잃어버리게 만든다. 특히 가족, 친구, 집 등 나에게 당연히 있었던 것들이 있을 때에는 그 소중함을 깨닫지 못하는 경우가 허다하다. 익숙한 것들이 떠났을 때, 소중한 물건을 잃어버렸을 때, 건강을 잃었을 때야 비로소 다시 그것들에 대한 귀중한 마음을 깨닫는다.

나는 이렇게 쉽게 잃어버리는 익숙한 행복 중 하나가 '옷 입기'라고 생각한다. 사실 옷을 잘 입어야 한다고, 행복하게 입어야 한다고 설득을 하고 이런저런 이야기를 많이 했지만 옷을 입을 수 있다는 것 자체가 행복이다. 의식주, 먹고 마시고 사는 것, 이것들은 우리에게 너무나도 익숙하다. 그렇기 때문에 다른 것들보다 더 행복하고 감사함을 느끼기가 힘든 것 같다. 옷을 입는 것에 대해 싫증이 나 있거나, 나를 사랑하는 옷 입기를 하지 못한다면 옷을 입는 것 자체에 정말 익숙해진 것이다.

무뎌진 감정을 넘어 사람이기 때문에 옷을 입고, 활동을 하기 위해 옷을 입지만 정작 옷을 입는 기쁨은 누리지 못한다. 매일 입어야 하기 때문이다. 우리나라를 지나 머나먼 가난한 아프리카에 사는 아이들을 생각해도 생각이 조금 달라질 수 있다. 그들에게는 스타일링을 할 수 있는 기회가 존재하지 않는다. 날씨가 더워서 옷을 잘 입지 않기는 하지만 옷이 없어서 못 입는 경우가 많다. 사실 원하는 브랜드에서 옷을 쇼핑하고 옷장을 구비할 수 있는 일, 옷에 어울리는 액세서리를 살 수 있는 장소가 있다는 것, 스타일링을 보여줄 누군가가 있다는 사실 자체가 모두 기쁨이고 감사함의 주제가 될 수 있다.

옷을 입는 것에 대한 싫증이나 무기력함은 누구에게나 찾아올 수 있다. 패션과 관련된 일을 하는 나에게도 그런 순간은 있었다. 옷을 하도 많이 보다 보면 어떨 때는 옷이 입기 싫은 순간이 있기도 하다. 그래서 최대한 꾸미지 않고 아무 생각도 하지 않은 채 자신을 방치하는 경우가 있다. 그런 무기력함이 오랫동안 지속 되었을 때 원초적인 감정을 잃어버렸던 내 감정을 발견했다. 바로 이 책을 읽고 말이다. 누구나 아는 인물

헬렌 켈러가 쓴 [사흘만 볼 수 있다면]이라는 책이었다.

헬렌 켈러는 알다시피 어린 시절 열병을 앓고 나서 시력과 청력을 잃은 뒤 가정교사 앤 설리번을 만나 장애를 극복하고 평생 장애인을 위해 헌신한 사람이다. 대부분 이 정도는 알고 있지만 실제 헬렌의 삶에 들어가지는 않는다. 하지만 이 책의 제목은 옷에 대한 무기력한 기분을 느끼고 있던 나에게 눈에 띄었다. 제목만 읽어도 가슴이 먹먹해져서 책을 집지 않을 수 없었다. 볼 수 없다는 게 무슨 기분일까? 모르지만 알고 싶지 않은 슬픈 이야기이다. 하지만 그녀의 글을 보면 그녀가 얼마나 대단한 사람인지 깨닫게 한다. 그녀는 보지 못하지만 볼 수 있는 사람보다 감사와 행복이 무엇인지 아는 사람이었다. 이 책에서 그녀는 이렇게 썼다.

"가끔은 이 모든 것을 직접 보고 싶다는 갈망으로 가슴이 터질 듯합니다. 만지는 것만으로도 이토록 즐거운데 직접 본다면 얼마나 아름다울까. 그러나 눈으로 보는 사람들이 더 적게 보는 듯합니다. 볼 수 있는 이들에게는 어쩌면 온갖 색과 움직임의 전경으로 가득한 세계라는 게 대수롭지 않게 여겨질지도 모르겠습니다. 어쩌면 가진 것을 감사히 여기는 것보다 갖지 못한 것을 염원하는 모습이 오히려 인간적으로 보일 수 있겠지만 말입니다. 만약 내가 대학의 학장이라면 '눈

자신이 매력적인 사람이라는 것을 깨달아
근본적인 감사함을 누리고 있는지부터
체크 하는 게 옷 입기의 본질인 것 같다.

을 사용하는 방법'이라는 필수 과목을 개설하겠습니다. 선생은 학생들이 이전까지는 알아채지 못하고 지나치던 것들을 제대로 보고, 삶에 즐거움을 더하는 방법을 보여주고자 하겠지요. 학생들은 잠들어 있는 무딘 감각을 깨우고자 할 것입니다."

그녀의 글은 내 마음을 울렸다. 내가 생각했던 옷 입기의 본질과 일치했기 때문이다. 그녀의 글에서 진심이 느껴졌다. 만약 옷을 입을 수 없다면, 그리고 옷을 제대로 입어보지 못한 사람은 옷을 행복하게 입는 사람이 감사를 느껴야 한다고 생각할 것이다. 실제로 옷을 입을 수 있는 여건이 된다면 그 여건만이라도 부러워하고 그것을 느끼는 기분을 상상하는 사람도 있다. 또한 자신이 매력이 없다고, 어울리는 옷이 없다고 말하는 이들을 반성하게 만든다. 옷을 입을 수 있다는 것, 자신이 매력적인 사람이라는 것을 깨달아 근본적인 감사함을 누리고 있는지부터 체크 하는 게 옷 입기의 본질인 것 같다.

나 또한 내가 대학 학장이라면 '나에게 맞는 옷을 행복하게 입고 사는 방법'이라는 필수 과목을 개설하고 싶다. 지금까지는 자연스럽게 지나치던 옷 입기의 감정부터 즐거움을 더 하는 법까지 배울 수 있는 과목을 말이다.

옷을 입을 수 있는 것은 기쁨이다. 우리는 대부분 옷을 입을 수 있는 환경에 있다. 그냥 입기보다는 행복하게 옷을 입는 감정을 잃지는 않았는가? 그렇다면 초심으로 돌아가 보자. 나의 감정의 상태가 어디에 머물러 있는지, 모든 일은 감사함에서 시작한다고 믿는다.

잠시 생각해보기

1. 당신은 옷을 입는 것이 감사한가요?

2. 당신의 매력을 표현할 수 있는 옷 입기가 행복한가요?

3. 어떻게 하면 옷을 더 행복하게 입을 수 있을까요?

4. 옷에 대한 감사함이나 행복을 깨달았다면 새로운 감정을 기록해 보세요.

제 삶을 바꿔주셔서 감사합니다

나는 한 사람의 스타일을 바꿔주는 일을 하는 사람이다. 나의 일에 자부심이 큰 편이다. 연예인을 꾸며주는 것도 아니고 옷을 잘 입는 사람이 더 잘 입도록 도와주는 것도 아니다. 대부분 나를 찾아오는 사람들은 여러 가지 이유로 외적 이미지로 인해 상처가 많은 사람이다. 표정도 좋지 않은 경우가 많다. 자신감이 부족하고 자존감이 낮다. 그렇기 때문에 대부분 옷도 잘 입지 못한다.

하지만 나는 다른 사람들과 다른 한 가지 달란트가 있다. 스스로 쉽게 발견하지 못하는 매력이 보인다는 사실이다. 참 희한하다. 언제부터 그런 매력이 보이기 시작했을까? 자신의 매력을 모르는 사람들은 나를 찾아와 질문한다.

"난 매력이 없습니다."

"나는 어울리는 옷을 알지 못합니다."
"나는 스타일이 좋지 못합니다."

하지만 나의 눈은 다르다. 나에게는 그들의 매력이 보인다. 그들을 보면 머리부터 발끝까지 맞는 스타일을 찾았을 때의 미래의 완성된 모습이 보인다. 그리고 실제로 시간이 흐르면 뿌옇게 보였던 그 사람의 외적 이미지가 과거에 내가 보았던 그 모습으로 변신을 하게 된다. 그 기분은 말로 표현할 수 없다. 너무나도 황홀하다. 마치 내가 큰 선물을 받은 것처럼 기쁘다. 그들의 변신은 나의 기쁨이 되기 때문이다.

신기하게도 자신이 매력이 없다고 말했던 사람들은 딴소리를 하기 시작한다. 자신이 매력이 있다고 말하기 시작한다. 단지 옷과 헤어스타일이 바뀌었을 뿐인데 말이다. 이게 어떻게 된 일일까? 정말 패션이 그 사람을 송두리째 뒤집어 놓은 걸까?

나는 매일 수많은 고민을 한다. 어떻게 하면 그 사람의 매력을 발견할까를 고민한다. 이렇게도 시도해 보고 저렇게도 시도해 본다. 한 사람을 가지고 연구를 한다. 이런 머리 스타일로도 바꿔보고 저런 머리 스타일로도 바꿔 본다. 밝은 옷을 입히기도 하고 어두운 옷을 입혀보기도 한다. 사실 이 모든 연구는 나에게서부터 시작되었다. 내 자신의 매력을 발견하기 위해서 수 만 벌의 옷을 입어보고 여러 가지 스타일을 시도해 보았던 흔적들이 쌓여서 누군가의 매력 또한 찾아주는 '꾼' 이 된 거다. '매력 사냥꾼'이라고 해야 할까. 나는 그 사람의 매력을 사냥한다. 그리고 그 매력을 더 강화시키는 방법을 알려 준다. 옷이라는 도구를 사용하고, 컬러라는 무기를 장착시킨다. 액세서리처럼 최후의 아이템들을 사용하기도 한다. 각각 사람에게 맞는 적절한 도구들을 챙겨 전쟁에 내보낸다.

집이나 남편에게, 그리고 직장사람들에게, 데이트를 갈 때 내가 알려준 전략대로 많은 사람들이 나가서 싸우게 되었다. 신기하게 그 전쟁에서 이긴 모든 사람들이 수많은 말을 내게 한다. 그런데 그중에서 공통적으로 하는 말이 있다. 처음에는 몰랐다. 왜 그 말을 하는지를. 그냥 인사치레인 줄 알았다. 하지만 아니었다. 진심이었다. 그 말은 바로 "정말, 감사해요"라는 말이었다. 자신의 매력을 발견한 사람들은 모두 나에게 "감사합니다"라고 말했다. 너무 감사하다며 내가 감당하지 못할 비싼 선물을 주는 사람들도 있었다.

나는 고민했다. 나는 누군가 때문에 매력을 찾고 옷을 골라준 경험은 없기 때문에 감사를 받았지만 그들의 감정을 100% 이해하지는 못했기 때문이다. 하지만 어느 날 깨달았다. 간단한 예로 헤어숍에 갔는데 마치 성형수술을 한 것처럼 머리 하나로 엄청 난 기쁨을 준 디자이너 선생님이 있었다. 나는 그때 진심으로 감사함을 느꼈다. 어떻게 표현해야 할지를 모르겠지만 새로운 기쁨을 느꼈기 때문이다. 갑자기 없는 약속을 만들고 싶은 기분이었다. 그리고 그 선생님에게 메시지도 보내고 선물도 주고 싶은 충동이 일어났다. 나에게 감사를 표시한 사람들도 그랬던 것 같다.

이제 나는 스타일의 힘을 알고 있다. 헤어스타일만 바뀌어도 자신감이 생긴다. 그런데 헤어, 메이크업, 옷 스타일, 컬러 등 전체적인 자신의 스타일링이 바뀌면 기분이 어떨까? 아마 날아갈 것 같은 기분일 것이다. 사람도 마구 만나고 싶어질지도 모른다.

그렇다. 스타일이 바뀌면 제일 먼저 감사가 찾아온다. 거울을 보면서 내쉬었던 한숨도 자신에 대한 감사로 바뀐다. 매사가 즐겁게 된다. 그만큼 패션에는 힘이 있다고 믿는다. 사람들 모두가 명품처럼 빛나는 존재이다. 이 사실에 힘입어 나는 가치를 발견시켜 줄 뿐이다. 그래서 날을 잡고 나는 설문조사를 하기로 마음을 먹었다. 매력을 찾고 스타일이 변한 사람들이 그들의 삶에서 달라진 점이 궁금했다. 그 내용을 공개한다.

[○○○ 님]

주변 사람들의 태도가 달라진다. 자존감이 높아졌다. 표정이 바뀌었다. 사람들을 만나는 것이 즐거워진다. 아침마다 옷 입는 것이 즐거워졌다. 내가 성장할 수 있다는 믿음이 생겼다.

[조다○ 님]

나에게 어울리는 스타일을 찾으니까 어느 브랜드를 가야 하는지, 어떤 스타일을 찾아야 하는지 바로 찾아내니까 스타일에 대해서 실패할 일이 없어서 시간이나 지출이 절약되고 만족도가 높아졌어요. 나에게 어울리는 옷을 발견하면 그렇게 기쁠 수가 없고, 얼마든 지불할 의향이 생겼어요. 또 그만한 가치를 하니까 아껴서 오래 입을 수도 있고요!(오늘도 어울리는 셔츠를 만나서 너무 기뻤어요). 주위 사람들에게 신뢰가 생겼어요. 선생님이 코디해준 대로 입으면 사람들이 내가 추천해 주는 이야기를 신용해주어요. 무서울 정도로 믿어줘서 말을 아끼는 중…

내 자신을 사랑하게 되었다는 것이 가장 만족스러워요. 내가 가진 신체적 단점을 흠이라고 생각해서 많은 스트레스를 받았는데 체인지 후에는 옷이 문제라는 걸 깨닫고 나의 단점으로 인한 스타일이 나만의 개성이라는 생각이 생겨서 자기애가 생겼어요. 또 그만큼 주위에서 좋은 시선으로 봐주니까 더더욱 긍정적으로 변하게 되었어요.

옷에 대한 스트레스가 없어졌어요. 남자든 여자든 어떤 옷을 입어야 할지 어떻게 입어야 할지 항상 고민이지만 체인지 후에는 머릿속에 코디할 옷들이 딱딱 정해지니까 고민에 대한 스트레스도 어느새 싹 사라졌어요.

나만의 스타일을 찾을 수 있게 되었어요. 체인지 후 친구들을 만나면 다들 예뻐졌다고 해주기도 하고 나만의 스타일을 찾은 것 같다며 칭찬해주기 바빠요. 이때가 '가장 잘했구나'라는 생각이 들었어요. 전에는 지인들을 만나기 전에는 불안하고, '이 옷은 너무 과한 건가? 즐겨 입을 수 있을까'라는 걱정으로 잠들곤 했었는데, 동행쇼핑 후에, 지인들이 변한 나의 모습에 더 칭찬해주고 긍정적인 시선으로 봐주니까, 내가 여태까지 이 사실을 몰라왔던 세월이 아까울 정도였어요. 내가 20대에 선생님을 만나서 정말 다행이고 감사한 일이라고 생각해요.

[박은○ 님]

첫 번째는 옷 입는 것에 대한 자신감이 생겼어요. 두 번째는 옷 쇼핑할 때 빠른 시간 안에 맘에 드는 옷을 찾을 수 있게 되었어요. 세 번째는 지인들과 약속, 또는 외출할 때 예전에는 '뭐 입지'하고 걱정해서 그 전날에도 옷을 사는 일이 있었지만 이제는 그런 일이 없게 되었어요. 네 번째는 꼭 비싼 돈을 쓰지 않아도 마음에 드는 아이템들을 구입할 수 있게 되었어요. 마지막으로 칭찬을 주변인들한테 많이 들으니까 자신감과 내 자신을 더 아껴줘야겠다는 마음이 생기고, 전체적인 삶의 질이 향상됐다는 기분이 늘 들어요.

[한○ 님]

외부 손님을 만날 때 더 자신감 있게 만나게 되었어요. 나에게 뭐가 어울리는지를 아는 것이 얼마나 중요한지 알게 되었어요. 쓸데없는 옷을 안 사게 되고 나에게 딱 맞는 것만 사게 돼서 절약도 할 수 있게 되었어요. 나의 이미지를 머릿속에 넣고 사람들을 대하기 때문에 원하는 결과를 얻기 더 좋아졌어요. 퍼스널 컬러나 스타일링에 대한 지식으로 선물을 고르거나 인테리어 색 등을 고를 때 더 어울리는 것을 찾을 수 있게 되었어요.

[김윤○ 님]

제가 정했던 단기목표대로 옷 입는 게 너무 재밌어요. 쇼핑하는 것도 재밌어졌어요. 그리고 아카데미 다니기 전에 제가 편하다고 생각하는 스타일이랑 요즘 제가 편하다고 생각하는 스타일이 많이 바뀌어서 편하게 입고 나가도 주위 사람들이 "어디 외출했다가 여기 온 거야? 왜 이렇게 차려입었어?"라는 말을 많이 들어서 기분이 좋았어요. 그전엔 얼마나 후줄근했으면… 스타일링 방법을 배워서 옷이 많아질 줄 알았는데 오히려 불필요한 옷은 줄어들고 아이템들이 많아지고 있어요. 가방, 신발, 귀걸이 같은 액세서리를 잘 활용할 수 있게 된 것이 저한테 진짜 큰 변화이에요. 제 옷장에 어떤 옷이 있는지 항상 기억하려고 노력하고 있어요. 예전엔 산 것을 또 사고 또 사는 악순환이 있었는데, 이젠 마네킹에 입혀놓은 코디를 봐도 각각 아이템 별로 제 옷들과 매칭해서 필요한 것만 살 수 있게 되었어요.

[이현○ 님]

자신감 뿜뿜! 내면도 외면도요! 아카데미 첫날 배운 게 생각나네요. 제가 남들 시선을 의식 안 하게 되었고 주변에서는 "좋아 보인다. 달라졌다. 예뻐졌다"라는 칭찬 세례를 받고 있어요. 삶의 기준이 '나'로 명확해 졌어요. 나를 위한 삶. 내가 먼저 행복해야 주변 사람들을 행복하게 만들 수 있다는 생각이 들었어요. 너무 당연한 거였지만 왜 전 그런 생각을 못했을까 싶어요.

[박선○ 님]

저는 분위기가 차분해지고 더 립스틱을 진하게 바르지 않아도 얼굴이 더 화사해졌고 분위기 있다는 얘기를 들었어요. 지금 생각해보면 패션을 배우기 전에는 옷과 얼굴이 각각 따로 놀듯 조화를 이루지 못했던 것 같은데 배우고 나서는 옷과 얼굴의 조화를 알게 되어 저 자신을 더 잘 표현할 수 있게 된 거 같아요.

[윤예○ 님]

예전에 관심 없던 것에 흥미가 생겨서 삶의 흥미 있는 관심 분야가 하나 더 생기게 돼서 좋은 거 같아요. 예전엔 인터넷 쇼핑이나 혼자 쇼핑하면 사고 나서 입고 다니지 못해 실패했는데 이제 쇼핑을 해도 실패를 거의 안 해요. 저는 꾸미는 법을 몰라서 배우기 전에 속상했는데 저를 더 꾸미게 되고 남자친구도 좋아하고, 보는 사람도 새로운 아이템이나 새로운 옷에 예쁘다고 하고 다 좋게 변한 거 같아요.

[최서○ 님]

스타일이 바뀌고 달라진 점은 어떤 옷을 사야 하나 고민하는 시간과 과정이 확 줄었다는 거예요. 전에는 저한테 어울리지도 않는 옷을 사러 다니느라 시간 낭비, 돈 낭비가 심했는데 그런 악순환이 끊어진 것 같아요. 저한테 어울리는 스타일을 아니까 시간, 금전적인 부분이 많이 세이브가 되어서 참 좋고. 어느 자리에 가도 저한테 어울리는 스타일로 꾸미고 나갈 수 있게 되었어요. 자신감은 덤이고요.

[이향○ 님]

스타일이 달라지고 어떤 옷을 입느냐에 따라 저의 역할이 달라지는 걸 알기에 제 일에 좀 더 자신감과 즐거움이 느껴지는 것 같아요. 나를 완벽하게 하려면 좀 더 살을 빼고 다듬어야 한다는 생각에 늘 막막하고 무기력하게 있었는데, 있는 모습에서 나를 보완하고 지금의 모습에 감사함을 느끼게 되었어요. 그리고 매력을 알기에 좀 더 그 부분을 강조하니까 감사하게 느껴졌어요. 패션의 가치를 알게 되었어요. 좋아하면서도 즐기지 못하는 애증관계에서 좀 더 패션을 사랑하게 된 것 같아요. 좋은 교육으로 패션에 대한 생각의 힘을 길러주셔서 패션을 즐기는 여행을 시작할 수 있게 해준 대표님들께 감사한 마음으로 하루하루 살아가고 있습니다.

당신은 명품입니다

당신의 생각은 어떠한지 궁금하다. 이 책을 읽으면서 여러 사람들이 스타일이 좋지 못했던 이유들을 알게 되었고, 스타일에도 보이지 않는 법칙이 있다는 사실들을 깨달았을 것이다. 지금까지 옷을 입으면서 생각하지 못했던 도구들을 활용해야겠다는 생각을 했을 수도 있고 정말 패션 인이 되고 싶다는 생각을 처음으로 했을 수도 있다. 이러한 개념들이 당신의 스타일을 근본적으로 변화시킬 수 있을까? 책을 덮고 모든 메시지를 기억하지 못한다고 해도 당신이 꼭 기억해야 할 한 가지가 있다면 그것은 당신이 명품이라는 사실이다. 이 사실은 진리이다. 설득도 아니고 호소도 아니다. 이 사실을 정말 깨달았다면 당신의 옷차림새는 변화하기 시작할 것이다.

이 책을 쓴 이유는 모든 스타일 팁들을 알려주기 위해서도, 당신이 패션 인이 되어야 한다는 사실을 설득하기 위함도 아니다. 단지 당신이 명품이라는 사실을 알려주고 싶고, 자신을 사랑하게 되기를 바라기 때문이다.

당신의 패션은 당신의 소중함의 정도를 대변한다. 다른 사람들이 생각하는 내 존재의 가치가 아니라, 살아있는 존재만으로 가치 있는 당신이기 때문에 그 가치를 더욱더 빛낼 수 있는 옷을 선택하게 되는 것이다. 어떤 사람들은 자신이 가치 있는 존재라는 것을 인정할 수 없는 환경에 놓여 있기도 하다. 그렇기 때문에 스스로 자신을 존귀하게 생각하는 것 자체가 힘들 수도 있다. 자신의 외적이미지 자체를 부정적으로 평가하고 많은 사람들 때문에 자신에 대해서 왜곡되고 폄하하여 생각하는 사람들도 있다. 결국 문제는 환경 또는 다른 사람들 때문이라고 생각한다.

하지만 더 곰곰이 생각해보면 문제는 나에게서 발견할 수 있다. 아무리 환경이 좋지 못하고 사람들이 자신에 대해 안 좋게 말한다고 할지라도 스스로 자신이 소중하다는 사실, 명품이라는 사실을 놓고 있지 않는 사람이라면 스타일도 반드시 좋아질 수 있다. 스타일이 좋아질 수 있다는 기준이 주관적인 것이 아니라 다른 사람들이 봤을 때도 빛이 나는 것을 의미한다.

이 정도의 수준에 오르기 위해서 시간이 필요할 수 있다. 모든 일에는 노력과 의지가 필요하기 때문이다. 하지만 시간이

당신의 패션은 당신의 소중함의 정도를 대변한다.
다른 사람들이 생각하는 내 존재의 가치가 아니라,
살아있는 존재만으로 가치 있는 당신이기 때문에
그 가치를 더욱더 빛낼 수 있는 옷을 선택하게 되는 것이다.

흐르면 변화된 자신의 모습을 확인할 수 있을 것이다. 거울 속 자신이 다르게 보이기 시작하고 내가 아름다워 보이면 다른 사람들 또한 색다른 명품이라는 사실을 발견하게 된다. 결국 나 그리고 타인이 모두 아름다워 보일 때 진정으로 자신이 명품임을 인정하는 순간이다.

명품의 개념은 비싸고 사치스러운 물건이 아니다. 그만큼 가치가 있다는 뜻이다. 자신의 가치를 깨닫는 것, 그것이 바로 옷을 잘 입는 지름길이다. 옷을 입을 때 필요한 수많은 테크닉과 지식들, 그런 것들은 사실 공부만 하면 향상될 수 있다. 배울 수 있다는 뜻이다. 하지만 자신의 가치를 깨닫는 일은 스스로 느껴야만 한다. 자신이 그런 상황이 되지 못한다고 생각하기 전에, 한 번만 마음을 먹고 자신의 가치를 써 내려가 보는 건 어떨까? 만약 한 가지도 자신이 가치 있는 존재라는 사실을 쓰지 못한다면 내가 졌다. 하지만 평생 누군가에게 들었던 한마디의 말이 그 사실을 말해줄지도 모른다. 이러한 사실이 당신의 옷장과 매일의 스타일에 큰 영향을 미치리라 믿는다.

이 책은 패션의 기술 테크닉, 옷 잘 입는 지식모음집으로 쓴 것이 결코 아니다. 물론 내가 말한 소소한 팁들이 당신의 스타일링에도 도움이 되기를 바란다. 패션을 공부하기 위한 사람들을 위한 책이 아니라, 옷을 잘 입어보겠다고 발버둥을 쳐

봤지만 시도한 만큼 실패해 본 사람들, 시도도 한 번도 하지 못 해봤고 생각 자체를 하지 않아서 자신이 명품이라는 사실에 대해 인정조차 안 해 본 사람들을 위해 썼다.

나는 많은 사람들이 이 책을 읽고 '나의 가치만큼 옷을 잘 입고 싶다' 라는 새로운 꿈을 발견하고 그 꿈을 이루기 위해 시도해보고 도전하기를 바란다. 나는 옷에 관심이 없는 많은 사람들의 생각이 개선되고 옷을 입고, 꾸미는 것이 사치가 아닌 자기가치 발견의 한 부분이라는 것을 깨닫게 되는 날이 오기를 꿈꾼다. 옷에 신경을 쓰거나 자신과 다른 스타일의 사람들을 이상하게 쳐다보고 개성을 갖고 있는 것이 마치 이상한 것처럼 여기는 사람들의 생각이 개선되기를 희망한다.

당신과 같은 머릿결, 피부색, 목소리, 체형, 내면 등이 일치하는 유전자를 가지고 있는 사람은 지구상에 단 한 사람도 없다. 나는 어마무시하게 희귀한 당신을 위해 이 책을 썼다. 이 책이 당신의 패션과 자존감을 바꿔놓기를 바란다. 만약 존재만으로 가치가 있는 자신의 특별함을 깨달았다면 자신을 사랑하지 못해서 외적 이미지 또한 병들어 있는 그 누군가에게 이 책을 선물해주기를 바란다. 당신과 주변의 많은 사람들이 함께 스타일이 좋아지고 함께 스타일리시한 사람이 되는 것을 보게 되는 날이 올 것이다.

에필로그

옷 정말 잘 입고 싶나요? 스타일 self test

- 나는 거울 속의 나의 모습이 만족스럽다.
- 나는 나에게 어울리는 컬러를 알고 있다.
- 나는 내가 꾸미지 않은 모습도 아름답다고 생각한다.
- 나는 나의 체형을 알고 있고 어떤 옷이 어울리는지 알고 있다.
- 나는 내 체형이 마음에 든다.
- 나는 쇼핑이 즐겁다.
- 나는 매일 아침 옷에 맞는 액세서리, 아이템을 고르는 것이 재미있다.
- 나는 일할 때와 놀 때의 의상이 모두 마음에 든다.
- 나는 내 얼굴형에 맞는 헤어스타일이 무엇인지 알고 있다.
- 나는 남에게 칭찬받지 않아도 나의 의상이 마음에 든다.
- 나는 스타일리시하다.

위의 항목 중 체크한 것이 7개 이하라면 자신의 모습과 스타일을 사랑하고 자신과 더 친해질 필요가 있습니다.

결국 패션은 가치관에 따라 달라진다

아무리 예쁘고 멋진 옷도 입는 사람에 따라 달라지는 신기한 이유는 바로 가치관의 차이에 달려있다. 자신을 명품이라고 존귀하게 생각하는 만큼 스타일리시함의 정도도 비례한다. 아무리 좋은 옷이라고 해도 자신의 매력을 발견하지 못한 사람에게는 그 옷이 명품이 될 수 없는 법이다. 수많은 브랜드와 명품만을 좇는 삶의 가치관에서 벗어나서, 자신의 매력을 하나하나 탐구할수록 당신은 아름다워질 수 있다. 자신을 과대평가해서 올바르게 옷을 입지 못하는 것, 자신을 과소평가해서 옷으로 자신을 꾸미지 않는 것, 이 두 가지에서 벗어나 적절한 균형을 이룰 때 스타일 감각은 좋아지는 법이다.

가치관이 다른 사람과는 결혼할 수 없다. 결혼을 하더라도 계속 부딪칠 수밖에 없는 법이다. 바라보는 방향성이 다르기 때문이다. 패션도 마찬가지이다. 패션에 대한 가치관이 중요하다. 패션이 자신을 멋지게 만들어 줄 수 있다는 사실을 몰라서도 안 된다. 또한 옷으로 자신의 단점만을 커버한다는 가치관 또한 옳지 못하다. 가치관이 올바를 때 패션의 재미를 느낄 수 있고 진정성 있는 옷 입기를 할 수 있는 것이다.

당신은 충분히 매력적이고 멋있는 사람이다. 이 세상에 하나밖에 없는 최고의 브랜드이다. 희귀하고 특별한 그 매력을 더 강화할 수 있는 옷과 아이템을 선택하는 눈을 기르자. 그리고 그런 옷에 감사함을 느끼며 매 순간 행복하게 옷을 입기를 바란다.

당신은 진정한 명품이다.

사진 출처 표기

셔터스톡 닷컴 shutterstock.com

1-1 작가 Pressmaster | 2-1 작가 fizkes | 2-3 작가 andersphoto | 3-1 작가 DOCTOR BLACK | 3-3 작가 CatwalkPhotos | 3-3 작가 거장들의 작품을 ~ Bohbeh | 3-4 마를린 ~ Lucian Milasan | 3 - 4 키가작아서 ~ emka74 | 3-7 스타일은 ~ andersphoto | 4-2 어울리는 컬러~ Pressmaster | 4-2 빨간색은 Creative Lab | 4-3 먼저 체형의 ~ mexanichp | 4-3 Africa Studio | 4-4 andersphoto | 4-4 옷만큼 중요한 디테일 ~ Kate Aedon | 5-2 작가 All About Space | 5-3 Creative Lab | 5-4 andersphoto | 5-5 Creative Lab | 6-1 CatwalkPhotos | 6-3 catwalker | 6-5 Dahabian

나는 나를 입는다 퍼스널 스타일리스트가 전하는 자존감을 높이는 스타일링 비법

초판 1쇄 2019년 5월 27일

지은이 오한나
펴낸이 김현태
디자인 이지아
펴낸곳 따스한 이야기
등록 No. 305-2011-000035
전화 070-8699-8765
팩스 02- 6020-8765
이메일 jhyuntae512@hanmail.net

따스한 이야기 페이스북
https://www.facebook.com/touchingstorypublisher

따스한 이야기는 출판을 원하는 분들의 좋은 원고를 기다리고 있습니다.